BOOKS LIFE
斑马读库

我　思　故　我　在

Some Thoughts Concerning Education

优秀的父母

[英]约翰·洛克 著
扶 苏 译

文化发展出版社
Cultural Development Press
·北 京·

图书在版编目（CIP）数据

优秀的父母 /（英）约翰 · 洛克著 ；扶苏译. — 北京 ：文化发展出版社，2024.7
ISBN 978-7-5142-4202-7

Ⅰ. ①优… Ⅱ. ①约… ②扶… Ⅲ. ①家庭教育 Ⅳ. ①G78

中国国家版本馆CIP数据核字(2024)第016766号

优秀的父母

著　　者：[英]约翰 · 洛克
译　　者：扶　苏

出 版 人：宋　娜　　　　责任印制：杨　骏
责任编辑：肖润征　杨嘉媛　　　　责任校对：岳智勇　马　瑶
策划编辑：唐　三　史英男　　　　封面设计：于沧海
出版发行：文化发展出版社（北京市翠微路2号 邮编：100036）
网　　址：www.wenhuafazhan.com
经　　销：全国新华书店
印　　刷：河北朗祥印刷有限公司

开　　本：880mm × 1230mm　1/32
字　　数：125千字
印　　张：8.25
版　　次：2024年7月第1版
印　　次：2024年7月第1次印刷

定　　价：68.00元
I S B N：978-7-5142-4202-7

◆ **如有印装质量问题，请电话联系：010-68567015**

目/录 Contents

Chapter 1 /

如何给孩子一个健康的体魄

优秀的
父母

健康的精神蕴含于健康的身体之中，这句话对人生的幸福做了简短又精准的概括。一个人如果既拥有健康的身体，也拥有健康的精神，那么他的人生也就再无其他奢求。一个人不管身体还是精神，只要有一方面不健康，那么纵然他拥有其他一切，也不过是枉然。

对人们来说，无论幸福还是苦难，大多源于自身。不爱思考的人做事绝对摸索不到正确的方式，然而对身体羸弱的人来说，哪怕他们知道正确的方式，也无法取得理想成效。

有些人生来身心健康、坚韧，我承认他们无须旁人过多的帮助。他们自孩提时就朝着最好的情况去发展，这是因为他们具有天赋的才华与能力，他们凭借与生俱来的体魄，就能创造奇迹，然而此类人本就是少数。那些我们平日所见的人，我可以确定，他们所受到的教育决定了他们是好是坏，有价值还是没价值。正是由于教育，人们才会有各种各样的差别。

幼年时我们所经历的事情，哪怕小到难以察觉，对我们的影响都是深远而重大的。就如同江河的源头，水流轻柔，人们只需稍费一点力气就能够将其引入别的路径，也就从根本上改变了河流的方向。河流经由这根源上的引导，趋向也就不同，最终流向远方。

依我所见，儿童们的精神和水流相似，都很容易被引导方向，诚然，人生的主要部分是精神，而我们主要关切的则是内心，但也不能因此就忽略包裹着内心的躯体。所以，与身体健康有关的话题，是我在此最先要提及的。

众所周知，对于这个话题，我专门做过研究。这个话题所涉及的范围非常窄，所以很快就能结束。

健康是我们能够工作，能够获得幸福的首要前提；我们想要吃苦耐劳，想要闻名世界，首先必须拥有强壮的体魄；此中道理再浅显不过，无须对此多做证明。

医生如何处理那些身体孱弱的、患有疾病的儿童不在我所提及的与健康相关的问题范围内，我在此要谈论的是，父母如何不通过医药的方式照顾子女的身体。

实际上，只需一条简短的规则便可以清楚解释这一问题。这个规则是：常规的中等家庭用什么样的方式对待儿女，绅士们便可以效仿。

也许我的方法会让家长们觉得既简单又严苛，然而我的观察普遍来说是准确的，希望家长们能对此认真思考。至少娇生惯养导致了大部分儿童的身体受到损害，使儿童的身体变差。

关于保暖

首先应注意的一点是：无论冬夏，儿童的衣着皆不可过于保暖。

在我们刚出生的时候，我们的面部跟身体的其他部分一样娇嫩。然而与身体的其他部分相比，面部却更能承受住风寒，因为它已经习惯了。

从前，大月氏的哲人在冰天雪地中依然赤裸身体，雅典人看到后对此觉得很惊奇，而大月氏哲人的回答则颇有深意。

他们反问雅典人："冬日严寒，为什么你们的面部却不畏惧呢？"

雅典人回答道："那是因为我们的面部对此已经习惯了。"

大月氏哲人则说道："既然如此，那我的身体就跟你的面孔是一样的。"大月氏人认为，只要从小养成了习惯，我们的身体就没什么受不住的。

我还在一本颇有见地的游记上看到了一个刚好与之相反的、有名的例子。这个例子证实了与极端的环境相比，习惯的力量更胜一筹。

在此我将作者的原文摘抄了下来。

> 在欧洲没有什么地方会比马耳他更热：那里闷得很，温度比罗马还要高，再加上凉风也不常有，因此让人格外不适。
>
> 那里的人普遍像吉卜赛人一样黑。然而那里的农民对太阳毫不畏惧，在每天最热的时候，他们也毫不躲避灼热的阳光，还是照常劳作。
>
> 因此我坚信，只要我们从小养成习惯，我们的本性完全可以适应那些看似不可能的事。
>
> 马耳他的儿童之所以不怕烈日，也是因为被这样锻炼出来的。他们从出生起，就一直赤身裸体，既不穿上衣，也不穿裤子，也不戴帽子，就这样一直到10岁。

所以我奉劝你们，在英国这种气候下，对于风寒你们不必过于紧张。

在英国，有些人不管冬天还是夏天，穿的衣服都是同一套，他们并不会觉得有哪里不方便，也并不会比别人感到寒冷。

倘若家长担心霜雪给孩子带来伤害，不得不考虑去应对霜雪，那么孩子过冬的衣服千万不要过于保暖。

除此以外，还应谨记：孩子的脑袋已经被“自然”用头发好好地遮盖住了，在一两岁头发稀疏时还锻炼了脑袋抗寒的能力。孩子不但白天跑来跑去的时候用不着戴帽子，而且最好晚上睡觉的时候也不要戴。脑袋过于保暖的话，往往容易引发一些疾病，比如伤风、咳嗽、炎症、头痛等。

冷水洗脚

在谈及孩子的时候，我用的字眼都是“他”，这是因为我在这里讨论的养育方法，主要是针对男孩的，对女孩来说，这些教育方法全都拿来未必适用。性别不同，需要用不同的方式来对待，这事不难理解。

我建议，他应当每天冷水洗脚，他穿的鞋子要薄，踩到水的话，水能渗透到鞋子里面。

说到这里，可能父母们会对此表示反对。会认为不卫生，或觉得洗袜子委实过于麻烦。然而孩子的健康重于一切，比这些理由重要十倍，这才是真理。

那些娇生惯养的人，脚一旦湿了，便会带来数不清的烦恼。倘若大家想到这些，就会觉得跟穷苦人家的孩子一样光着脚长大也没什么不好。

那些穷苦的孩子习惯了赤脚，他们的脚对被水打湿这件事已经适应了，就算脚被打湿了，就跟手湿了一样，不会因此着凉，也不会引发什么坏处。

手和脚对环境的反应有如此大的不同，试问除了习惯之外还能找到什么别的根源吗？

倘若有这么一个人，他自打出生那天起就光脚，却拿手套把两只手暖和地包裹着，那么我想长此以往，便养成了习惯，他的手如果碰了水就容易生病，就和大部分人脚碰到了水一样。

想要预防的话，方法就是每天坚持用冷水来洗脚，把鞋子做得易于渗水。

洗脚有益于清洁，这本是好事，但在健康方面的助益才是我所看重的，因此我并不限定每日洗脚的时间。

据我所知，有人每晚洗脚，很有成效，从不曾间断过，哪怕是在最寒冷的冬日。尽管那时水面上结着厚厚的一层冰，那个孩子仍旧在水里洗脚，他还很年幼，连自己擦脚都不会，最初练习时，他还娇弱得很，哭哭啼啼的呢。

让儿童养成用冷水洗脚、洗腿的习惯，这样他们就不会和那些娇生惯养的孩子一样，会因为足部不小心沾了那么一点水而生出诸多毛病来，这才是我的主要目的。

所以洗脚的时间是白天还是晚上，由父母来做决定即可，视其方便而行。我认为什么时候洗脚并不重要，能够有效做到按照这个方法洗脚才是关键。就算需要花费更大的代价，只要能由此收获健康，那便是值得的。

除此以外，用冷水洗脚还能起到预防鸡眼的作用，对有些人来说，这可是很有好处的。不过，刚开始练习的话，最好是从春天开始，先用温水，再逐渐加冷水，这样用不了多长时间就能够彻底使用冷水了，之后要长期坚持这样洗下去，无论冬夏。

我们对生活常规事情上的改变可以和这件事情上的

改变一样，都缓慢地、不知不觉地进行，因此我们的身体对一切都可以适应，不会遇到危险与感到痛苦。

那些溺爱孩子的家长如何看待我这个建议？他们的态度在意料之中，他们娇弱的宝贝要被如此对待——那不就是在伤害他们吗？真是胡说！冰天雪地的时候，居然要孩子们把好不容易才暖起来的脚放到冷水里去？

为了去除他们的恐惧，容我举几个例子来说吧，不然的话，就算是最浅显的道理也不会有人相信。

塞涅卡[1]在《道德书简》中提到，在寒冷的冬天，他也习惯了在冰冷的泉水中沐浴。塞涅卡自然有洗温水澡的条件，他家境富裕，而且那时他已年老了，应该会贪图舒服，倘若不是觉得洗冷水浴对健康有好处，他是不会这么做的。

倘若我们觉得他是受到禁欲主义的影响才会如此艰苦，那么就当作他是因为信奉禁欲主义才能忍受寒冷吧。但是为什么说冷水浴对他的健康适宜呢？那是因为这种锻炼并不曾给他的身体带来损害。

1　塞涅卡：Lucius Annaeus Seneca，约公元前4—公元65年，古罗马哲学家、戏剧家，晚期斯多亚学派主要代表之一。曾任古罗马皇帝尼禄之师，后被勒令自尽。（译者注）

贺拉斯说过，在冬天他素来都是洗冷水澡的。贺拉斯不属于任何宗派，在他看来，禁欲主义的一切苦修方法都是矫情的，他更是不相信这些，那么他的所作所为，我们又该如何看待呢？

大家也许又会认为这是因为气候，比如说意大利比英国要温暖很多，在冬天，意大利的河水没有英国那么冷。与我们的河水相比较的话，意大利的河水显然要更暖和，而波兰和德国的河水则要冷得多，比我们的任何一条河流都要冷。可是波兰和德国的犹太人，不管男女，他们一年四季都会在河水中洗浴全身，且他们的健康也不曾因此受到丝毫伤害。没有人会以此为奇，也没有人会觉得是圣威尼弗雷德井（St.Winifred's Well）的神奇特性，才让人们娇嫩的身体不受井里冷水的伤害的。

人们现在已经认识到洗冷水浴对身虚体弱的人恢复健康很有效，由此可见那些身体条件不错的人想要通过洗冷水浴来使体质得到锻炼和增强并非不可能。

也许大家会认为这些例子都是成人的，对儿童来说不适合，儿童过于娇弱的身体无法承受此种锻炼。那不如来看一下古代的德国人以及现在的爱尔兰人是怎么做的吧。

人们认为婴儿最是娇嫩，可他们不光用冷水给婴儿洗脚，洗全身也不例外，也没见哪里有害。现在到了冬天，哪怕水面结了冰，苏格兰高地的妇女也都会这样来锻炼她们的孩子，也没见孩子们受到什么损害。

学会运动

等到了适合的年纪，并且有人教的话，儿童应学习游泳，这无须我在此反复提及。罗马人很看重游泳，认为游泳的重要性可以与文学相提并论，因为游泳能救人性命。

罗马人有句俗语：一个既不知读书，也不会游泳的人。其意是说这个人没有接受过良好的教育，没有可用之处。

游泳不只是一种在关键时刻能够派上用场的技能，在炎炎夏日，时常于冷水中洗浴，对健康大有助益，因此无须我过多提倡。但应注意，身体发热之时不能游泳，运动后等体内血流加速的时候也不能游泳。

做户外活动，就算是冬天，也要尽可能地少烤火，这对人们的健康大有好处，对儿童的健康更是有益。这样一来，他既能忍耐冷热，也能忍受晴雨。倘若一个人，他的身体连忍受晴雨冷热都做不到，那么世界上没有谁能帮得了他。

这种习惯应逐渐培养，尽早养成。倘若等成人后再想养成则为时已晚。早日着手，身体几乎可以忍受任何状况。

到有太阳有风的地方去游戏，并且不要戴帽子。倘若我提出这样的建议，儿童是无法接受的。他有无数条反对的理由，实际上不过是因为怕晒。

倘若怕我的小宝贝伤了肤色，将他一直安置在阴凉地，从不让他经受风吹日晒，这样养成的可能是一个美男子，却不会是一个人才。

在外貌上，女孩子固然应多注意些，但我可以断言，她们的面容并没有因为户外活动而受到什么伤害，她们参加的户外活动越多，身体也就越健康、强壮。如果将锻炼她们兄弟的教育方式更多地用在她们身上，日后她们的生活也就会愈发幸福。

据我所知，户外活动的危险就只有一项，即儿童如果跑得热了便在潮湿、寒冷的地上坐下或躺下。我承认这样做是有害的，尤其是运动或劳动后，身体正热着，倘若在这个时候喝冷饮的话，他们便会容易因为寒热交替而生病，甚至可能会一病不起。不过，这种危险也很容易预防，只要幼年时能有人随时看管即可。在儿童时期，禁止他坐在地上，禁止他在口渴时喝冷饮，时时这般对他严加管教，只要这种克制成为习惯，以后就算离开父母或者老师的照顾，他也能照顾好自己。

这是我唯一能想到的办法。因为自由终会随着年龄的增长而到来。他不可能一直被监护，许多事都应交由他自主解决，因此最应注重的是给他养成良好的习惯，以及建立牢固的原则，只有这样才是最可靠的。

所有的规则与劝诫，如果没有形成习惯，任凭父母如何反复叮嘱，也不会起到丝毫作用。

穿衣学问

我又想到一件与女孩子有关的事情来，大家要记得女孩的衣服，特别胸口周围，万万不能做得太紧。在体态的形成上，你应顺应“自然”，“自然”所认定的方式是最好的。与人为的东西相比，“自然”的作为则更好，也更为精确。

如果孩子尚在子宫里时，女性自己就能让孩子的体态形成，这就和她们生下孩子后去对孩子们的体态做修正是一样的，我们想要生出来完美的儿童根本不可能，穿着紧身衣，被百般束缚的儿童，他们很少会有优美的身材，这是一样的道理。我想，倘若那些爱管闲事的紧身衣制造者能好好想想这个道理，那么她们就不会去干预自身并不了解的事情了。她们往往不敢抵抗“自然”的力量，因为她们一点也不了解儿童的体态是怎样形成的。

紧身、窄小的衣服必然会导致胸部狭窄，呼吸不畅，肺部衰弱以及佝偻，这样的结果太常见了。本来目的是令她们身材苗条，腰肢纤细，没想到却害了她们。“自然”无法按照原本的意思去给身体上各器官预备的养料进行分配，那么身体各个部分也自然不会匀称发育。这样一来，倘若身体有哪个部位没有穿得很紧，养料就会在哪里堆积，所以长成一个过于高的肩部或者是一个异常大的臀部，那也不足为奇。

我们经常会看到有人腿部萎缩，这是因为他们脚部被打、被扭，受到了损伤，哪怕受损的只是其中某一小部分，却会导致整个腿部失去营养与力量。而心脏则正位于胸部，是生命的首府，倘若胸部受到了不合乎自然的压迫，正常的扩展被阻断，可想而知结果自然是会更麻烦。

饮食习惯

儿童应饮食极简、清淡。我提倡在他年幼时应禁肉食，最起码在两三岁以前应如此。虽然这对他现在与未来的健康来说是有益的，但做父母的对此很难认同，因为他们在习俗的误导下，自身就多食肉类。他们考虑儿童的时候，是站在自己的角度，认为一天如果食肉少于两次便会感到饥饿。

我深信，倘若儿童没有在三四岁前完全禁肉食，没有被溺爱的家长将肚子塞得满满的，就能够很好地避免一些疾病，从而奠定健康强壮的身体基础。

倘若一定要给儿童吃肉食，那么每日只能食用一次，每次只能食用一种肉类。最适宜食用的是牛羊肉等，口味要清淡，不要放任何的调味品，解决饥饿即可。

另外，还需特别注意，儿童用餐时应多吃面包，无论有没有其他食物；他应好好咀嚼，无论食物坚硬与否。我们英国人之所以会有消化不良等疾病，正是因为不注意这一点。

牛奶、奶羹、稀粥等英国惯用的食品，都可用来做早餐和晚餐，对儿童来说再适合不过。只是应谨记一点，这些食品都应以清淡为主，不可多加调料，尤其是糖，一定要少加，不加最好。

他所有的食物中，盐不可多放，不能让他惯于去吃口味浓郁的肉类。我们的味蕾会因为习惯而嗜好重口味，食物里如果添加的盐过多，人们很容易感到口渴，过度饮水，还会给身体带来其他伤害。

在我看来，一块调制适宜、烘焙适度的黑面包给儿童做早餐是再好不过的，可以加些奶酪、黄油，也可以什么都不加。我深信他这样吃早餐的话，不但卫生，而且有助于强健他的体魄，就算他吃得再好些也是一样。只要吃习惯了，他的味口也不会差。

两餐之间，他若是还想吃东西，给他干面包即可。哪怕他觉得比平时要饿，面包也足以垫饥；他若是不饿，就不应吃东西。这样做有两点好处：首先，他吃惯了面包就会爱吃，诚如我所言，只要养成了习惯，我们的口味乃至肠胃都会接受；其次，这样吃符合自然所需，不会吃得过饱、过频。

我并没有说所有人的胃口都一样的意思，有的人天生好胃口，有的人胃口生来就弱。但我一直认为，有不少人并不是生来就胃口好，而是靠习惯养成的。据我所知，有些国家的人一日两餐，有些国家的人则不然，他们习惯了一日用餐四五次，不过前者的身体强壮程度，并不比后者逊色。

古罗马人用餐通常在晚上，哪怕他们每天不止吃一顿饭，但也只有晚餐是固定的。而那些额外加早餐的人，他们的早餐时间有八点的、十点的、十二点的，甚至有的还会更晚，他们不但餐中无肉可吃，而且也不会提前准备好食物。

奥古斯都，这位世界上了不起的帝王，据其所言，他也不过是随便在车里吃点干面包。塞涅卡也如此，他在《道德书简》中对自己的日常生活做了介绍。塞涅卡说，尽管已到了可以享受安逸生活的晚年，可他每日的午餐依旧只不过是一块干面包而已，甚至用餐时他都不曾坐下。塞涅卡可是个有钱人，倘若为了健康要求他吃的食物更丰盛些，哪怕要他吃的食物加倍，他也吃得起，他的财产可不会少于英国任何一个人。

世上的那些伟人也都是吃这么一丁点儿长大的，罗马的那些年轻绅士每天只吃一顿饭，可他们并没有感觉身体虚弱，也没有觉得精神萎靡。倘若他们有人还没等到固定晚餐的时候就饿了，也就只会吃些许干面包，最多再加一丁点儿葡萄，或者其他类似的小食物，姑且用来垫饥。

这种适度的精神对健康和事业而言都非常必要。罗马人东征胜利满载而归之后，社会风气一时奢靡盛行，可尽管如此，他们依然坚持每日一餐。

有些罗马人不再适应粗茶淡饭，他们也喜欢宴饮，不过他们的筵席没到晚上不会开始。人们觉得固定每日一餐就可以了，倘若有谁还想要再多吃些，那未免太匪夷所思了。倘若在日落前就有人开始宴请宾朋好友，或者赴宴，那么便会受到指责，就算到了恺撒时代也是如此。

倘若大家不认为这个方法过于苛刻的话，我建议儿童早餐只食用些许面包为最宜。习惯的力量远比你想象的要大。在我看来，大多英国人的疾病都是因为面包吃少了，而肉吃得太多了。

我认为如果可以的话，最好他的用餐时间不必固定在某个时刻。他若是习惯了在某个固定的时刻用餐的话，那么等到了时间，他的胃就会等着进食，可若是到了时间没有食物，它就会出问题。不是因为亢奋而导致饮食过量，生出毛病，就是因为懈怠而导致胃口不佳，饮食不振。

因此我建议他用餐的时间可以天天调整，每日三餐不必固定在某个时刻。倘若在三餐之间，他还想要进食的话，那么可让他食用面包即可。

也许有人认为对儿童来说，这种饮食方式过于单调，有些太苛刻，那他们要明白一点：倘若一个儿童，他的午餐有肉，晚餐有汤羹之类可以饱腹的东西，除此以外，在他需要的时候，还有面包与饮料随时供应，那么他是万万不会被饿到的，他的身体也绝对不会因营养不良而虚弱。所以经过深思熟虑后，我认为对儿童来说这是最适宜的方法。

早晨一般是读书的时候，倘若吃太饱对读书是不利的。尽管干面包营养丰富，可也是最不吸引人的。但凡关注儿童身心的人，绝不会在早晨让他们吃得太饱，免得他们撑得迷迷糊糊和影响健康。

也不要认为这种方法不适合有身份、有财产的人。无论什么年纪，都应这样教育一个绅士，让他能够拿得起武器，当得了士兵。那些让孩子生活优裕、悠闲度日的人，全都不知道向榜样学习，对自身所处的时代不了解。

饮料只能在用过面包之后去喝，两餐之间不可饮用，以下是我这样说的理由。

首先，在身体燥热之时喝饮料较容易导致人们积食与发寒热。他若是玩得又渴又饿，就很难吃得下面包。他若是必须先吃面包再喝饮料，那么他便要尽可能地克制自己不去喝饮料。

绝不能在感觉很热的时候就喝凉饮料，最起码也要等到吃完一块面包之后，饮料的温度也会变得跟常温一样，这时候喝了才不会有害。若是当真非常渴，等饮料常温后再饮用，更有解渴的效果；若是无法等常温后再饮用，那便不喝好了，因为不喝也没有什么害处。还能从中养成习惯，学会克制忍耐，这也是有利于身心健康的。

其次，他不吃面包便不可以喝饮料，这样可以避免他染上贪杯的毛病。贪杯可是导致一切良好关系变得危险的开端。

习惯性的饥渴一般是人们自己养成的。你若是尝试让一个已断奶的孩子每晚喝奶，那么时间久了之后，他晚上不喝就会睡不着觉。你要明白，不管白天还是晚上，嗜饮都是习惯导致的。你若尝试一下，便会发现想要一个人时刻感觉口渴是能做到的。不管你喝的饮料是淡的还是浓的，你都会有口干舌燥的感觉。

有一回我曾住在别人家中，那家有个孩子，这个孩子性子倔强，为了让他安静下来，只要他一哭就给他喝奶，因此他从早到晚一直不停地喝奶。尽管他那时还不会说话，可他比我二十四小时喝的奶还要多。

养成怎样的习惯是教育上应注重的一件大事，这与其他所有事情一样。你若是不想任其继续发展下去，那么便没有让他养成习惯的必要。

饮料要适度，只要能解决真正的口渴即可，而且这有益于健康与节约。一个人若是不吃重口味的肉类，也不喝高浓度的饮料，没有养成滥饮的习惯，在两餐之间他基本不会感到口渴。

不能让他饮酒或者饮用其他的烈性饮料，就算以前喝过，也绝不可以经常喝，这点需格外注意。烈性饮料对儿童的危害最大，但在英国却普遍爱给儿童饮用。绝不可以让儿童饮用任何一种烈性饮料，除非是医生要求当兴奋剂用的。就算这样也要十分小心。

在健康管理方面，尤其是与儿童健康有关的方面，最困难的问题就是水果。不是随便哪一条普遍的规则能够将水果问题全部囊括其中的。有些人认为水果对儿童来说非常不卫生，他们希望儿童不要吃任何水果。我和他们的想法不同，这样严苛的方法只会使儿童更喜欢吃水果，只要有水果，他们就乱吃一气，不管水果熟了没有，是好是坏。

我认为有些水果儿童绝不应吃，比如英国的各种葡萄、西瓜、桃子，以及大部分梅类，因为这些水果的汁水非常不卫生，尽管它们非常美味。如果可以的话，这些水果最好不要让儿童看到，或者干脆不要让他们知道。而樱桃、草莓、覆盆子或者醋栗，这些水果只要确认熟了，他们吃了便不会有害，若是能做到以下几点，他们甚至可以多吃一些，也没有什么关系。

第一，我建议在餐前或者两餐之间吃水果，儿童应把水果当作早餐，而不是像我们平常那样在餐后肚子吃饱的时候再去吃水果。

第二，吃水果的时候应搭配面包。

第三，只有彻底成熟的水果才能吃。

倘若能做到这样吃水果，那么不但不会危害健康，而且还会对健康有好处。在夏天，我们的胃因为热而变得虚弱起来，此时吃些水果正能起到提神解热的效果。夏季的水果，与其产出的炎热时节正相称。

因此，对于这一点我不会像有些人那样对儿童严格要求。若是过于严格，儿童连一点点合适的水果都得不到，无法获得满足，一旦稍微放松管束，那么他们就会狼吞虎咽，甚至连水果的残渣都不会放过，一次吃个饱。

苹果和梨，只要成熟了，采摘后又过了一段适当的时间，我觉得随时都可以吃，不会有害处，特别是苹果，稍微多吃一些也无妨。据我所知，在十月以后吃苹果并不会对人们的身体带来任何害处。

在我看来不食用糖渍的水果干是很健康的。所有的糖果都应避免食用。不管是对做糖果的人来说，还是对吃糖果的人而言，糖果都是有害的，只是很难分辨到底是对前者害处更多，还是对后者害处更多。

睡眠问题

在所有让人感到舒缓的事情当中，儿童最应多多享受的就是睡眠，最能促进儿童生长与健康的也只有睡眠。只一点应予以规定，即究竟一天二十四小时中的哪一段应该用作睡眠，这很容易得出答案。

早起对健康大有裨益。儿童如果能习惯早起，那再好不过。一个人如果从小就能养成一个不变的习惯，能够毫不费力地按时起床，那么等他长大成人之后，他不会在床褥上、在昏沉中浪费生命中宝贵的时光。

儿童想要早起就要早睡。早睡能使他们不去参加那些有危险的、不健康的夜间活动，并且使其养成这个习惯。但凡早睡的人少有行为不检点的。我并没有禁止您的孩子晚上八点后与人交际的意思，也并不想禁止他午夜和别人小酌畅谈。我只是希望，家长应尽可能在他幼年时就让他避免上述种种行为，令他养成这样的习惯，那他以后就会竭力避免参加那些欢快的夜间活动，或者很少去参加，因为他已不习惯通宵不眠，这样做是大有好处的。

倘若出于对流行与社交的顾虑，希望他20岁以后的生活可以和别人一样，那么至少早睡早起的习惯你要让他在20岁以前养成。这不但有利于促进他的健康，而且还有诸多别的好处，因此你这样做是值得的。

“儿童应尽可能在幼年时多睡眠，他们想睡多久都可以。”尽管我曾这样说过，但我的意思可不是让他们长大后还赖在床上昏昏沉沉地睡懒觉。

究竟应该从何时对儿童的睡眠时间做出限制？是7岁、10岁，还是从别的年纪开始比较好？这很难做出精确的规定。儿童的健康、体质与气质都应被全面考虑到。

倘若他们在7～14岁的时候还是太过贪睡，那么我们就可以逐步减少他们的睡眠时间，让他们每天睡8小时左右即可，这也是足够一个健康成年人休息的时长。

你若是已经尽力令他习惯了一直早起，那么想要根除贪睡的毛病可是再轻松不过的。儿童的睡眠时间会减少，大多是因为他们晚上想和大家一起玩耍。若是无人照看，他们大概会把晚上缺少的睡眠在早晨补足，这是绝不可以的。

应当每天早晨都按时把儿童叫醒，但应注意在叫醒他们的时候，万不能过于急促，不可高声或者尖声叫喊，一切激烈的声音都不可使用。不然的话，儿童会受到惊吓，对他们很有损害。不管是谁，在睡得正香甜时被人突然这样叫醒，都会感到焦躁不安。

叫醒儿童的时候必须要言语温和且动作温柔，先轻声呼唤，再轻轻抚摸，让他们一点点醒过来，然后等他们有了意识，穿好衣服，这才算是真正清醒了。倘若你只是执着于强迫他们起床，哪怕方式再温和，他们还是会觉得痛苦。还要留意一点，那就是要避免一切会使他们感到烦恼的事，特别是那些会惊吓到他们的事。

他睡觉应用硬床，不可使用羽绒被褥铺床，可以用棉絮被褥。硬床能够使身体得到锻炼，但若是每晚都躺在羽绒被褥里睡觉，却会使体魄受到消磨，导致身体变得虚弱。

正是因为给腰部过于保暖才会诱发结石病，不仅如此，身体之所以会变得孱弱，人们之所以会患上许多其他疾病，都是因为给儿童使用羽绒被褥。

此外，但凡在家中习惯睡硬床的人，他们外出旅行时不会因为枕头铺得不好、床褥不够软而失眠，要知道旅行时最重要的就是睡眠。他出门在外睡的床铺必然会和平常有些不同，因此我建议平日给他铺床褥的方法可以经常调整，他睡觉的时候，头有时可以躺得高些，有时可以低些，这样他才不会察觉那些不同。他进入温柔梦乡的时候，不可能一直都是躺在家中的床上，有人给他把床铺好。

睡眠是“本能”赐予人们的甘露。这种甘露，有的人不能在粗糙的木碗中饮用，只能使用母亲精美的金杯才可以，这无疑是非常不幸的。那些能够饮用到这种甘露的人无疑都是能够熟睡的。至于他们是睡在柔软的床上，还是硬邦邦的床铺上，那都无所谓。睡眠是唯一不可缺少的事情。

如厕排便

按时排便对健康也有很大影响。那些经常腹泻的人，通常身体都不强健，或者思维不够敏捷。不过腹泻这个毛病比便秘要好治疗，只要从药物与饮食两方面着手即可，这里不做过多探讨。

不管是腹泻还是便秘，只要情况严重，都应立刻去看医生。腹泻有时是急症，而症状若是不严重，时间也不长，一般来说让其自愈即可。便秘则不同，便秘不但对身体有危害，而且治疗起来也非常困难。泻药看似能通便，事实上却只会使排便愈发干燥。

我认为对于这个毛病的研究非常有必要。我的治疗方法是从书本上找到的，结合实际思考后，我相信我们只要方法正确、步骤合理，哪怕身体上有比便秘更大的毛病，都是可以医治的。

第一，排便是由身体上的某些运动，特别是肠道的蠕动带来的结果。

第二，经过运用与时常练习，可以养成持续做一些非常规动作的习惯，以达到运动的目的。

第三，有些人只要在晚餐后抽上一支烟就必然会排便，因此我便有所怀疑，我认为他们所谓“本能”赐予的好处，并非出自烟草，恐怕更多是因为习惯。就算当真是烟草所致，我想也不是因为烟草能够直接促使排便，而是因为肠子在烟草的刺激下剧烈蠕动。烟草若是能使人排便，那么必然还有其他影响。

我得出一个结论，排便的习惯是可以养成的，那么有什么最适合的方法来实现这一目的，这是我需要进一步去思考的。

第四，综上，我猜测：一个人如果在早上第一次吃完东西后，马上去向“本能”求助，强迫自己去排便，长期坚持下去，早晚会养成习惯。

我有以下几个理由将排便时间定在早餐之后：

第一，早晨的时候，胃部空虚，若是吃了它喜欢的食物（因我提议只能在胃口好、有需要的时候，才可以吃它喜欢的食物），那么胃便会剧烈收缩起来，紧紧将食物包裹起来。我觉得肠子也会被这种收缩影响，从而增加蠕动。就好像绞肠痧这种病，不管到底是肠子下部哪里发生了不正常的运动，整个肠子都会被波及，甚至这种不规则的运动会影响到胃部。

第二，进食之时，人的精神一般会放松，那个时候精神不做别的，只是对腹部全神贯注，也就同样起到了效果。

第三，人们若是有时间吃东西，那么他们也必然有足够的时间为了能够排便而去向“厕所之神”祈祷。人们总是有许多事忙得不可开交，也就不可能限定一段时间用来排便，就算定下了也难免会中止。虽然健康的人进食的时间无法固定，但是每天至少能保证一次，因此还是能够坚持按时排便的。

基于上述种种理由，研究就开始了。最终我发现，所有能够坚持下来的人，不管第一餐是什么时候吃的，也不管到底想不想要排便，他们都会去厕所尽力排便，这样一来也就几个月的时间，他们就会取得想要的成果，按时排便的习惯也就养成了。

在早晨之后，很少会连一次排便都没有，除非是因为自己偶尔疏忽。他们只要到了厕所，去尽力尝试，不管到底是不是想要排便，“本能”必然会顺从他们的行为。

因此我建议，应该让儿童在每天吃过早餐之后立刻去坐到马桶上。排便可以交给他自己来做，就和吃饭一样。对于这一点不应持有怀疑。他必须先排排便，然后才能去游戏，或者才能去吃第二顿食物，至少应尽量尝试这样去做。我想他没多久就会养成按时排便的习惯。

儿童在游戏的时候，对别的事情，一律都不留心，他们全神贯注，所有注意力都放在游戏上，因此他们往往会察觉不到“本能”轻微的动作。他们习惯了忽略这些提醒的动作，时间一长就会导致便秘。

上述方法可以预防便秘，并非出自我的猜测，我知道有个小孩就是这样做的，他这样坚持练习了一段时间之后，就能够按时在每天早餐之后排便。

至于这种方法成年人是否愿意去尝试，只能由他们自己来做决定。但我必须在此强调一下，便秘的害处委实太多，因此我觉得没有什么事情能比排便通畅更有利于身体健康。

我觉得一天24小时排便一次就可以了，这不是一个会让人觉得太多的次数。

用了上述方法，排便就会自然而然地通畅，无须药物的帮助。对于习惯性便秘这种顽疾，药物一般只能起到很小的治疗效果。

面对生病

与儿童健康有关的一般事宜中，药物问题是我唯一要提醒你格外注意的。也许大家会对我抱有期待，觉得为了预防疾病我会提供与药物相关的建议。对此，我要说的只有一点，大家要严格遵守，千万不要为了预防疾病而给儿童使用任何药物。

如果大家对我的建议能够严格遵守，那么这远比饮食和药物更有功效。请勿自作聪明，不然的话别说预防疾病了，反而会导致疾病的发生。

儿童若是稍有不适，无须动不动就吃药就医。倘若请来看病的医生是个喜欢做无用功的人，那么患者的窗台上很快就会被他摆满药瓶，同时患者的胃里也会被药品塞满。

对于儿童的普通疾病，有的人自作聪明，认为从食物上进行调节起不到医治的效果，而其他别的方法都可以医治。事实上如果把孩子交给这些人，还不如彻底顺其自然更安全些。

我的理智和经验都告诉我，不到绝对需要、不得不如此的时候，应尽量少地摆布儿童娇嫩的身体。

我已说完了与身体和健康相关的事宜，简单概括为以下几条规则：保障睡眠，多做运动，多呼吸新鲜的空气；饮食清淡，忌酒与烈性饮料，少用药，如果不用最好；忌穿过紧过暖的衣物，头部和足部尤其要保持凉爽，冷水洗脚。

Chapter 2 /

如何给孩子一个健康的心理

身体在得到了足够的关注之后，能够保持健康强壮，而且能够对精神发出的命令服从并贯彻执行。那么如何使精神保持正常，如何使精神的一切指令与高贵善良的理性动物的身份相符合，这才是接下来我们要面对的主要问题。

重视后天教育

没有什么事情能比教育对人们能力的影响更大，正是因为教育才会使人们的能力截然不同，在本文开端我便这样说过。若是我所言非虚，那么我们便应对儿童精神的形成重视起来，并且最好尽早让儿童的精神形成，因为这会对他们以后的人生产生影响。

他们行事好坏与否，外界都是从他们所受到的教育角度来进行赞美或者批评的。有什么事情他们若是没做好，人们便会提出批评，认为这与他们所接受的教育相符合。

吃苦耐劳不但是检验身体健康的首要标准，而且也是衡量心理健康的标准。一个人须克制自身欲望，能抵抗自身的意愿，单纯地遵从理性所做出的最好指引，哪怕欲望的指引与理性的指引截然相反，这是所有品德与价值的重要原则与基础。

我认为在教育子女问题上，通常人们对于这点没有给予足够的重视，这是一个严重的错误。在精神最纤弱、支配起来最容易的时候没有养成遵从理智、服从约束的习惯。

拒绝溺爱

为人父母者在“本能”的驱使下对子女充满爱护，不过这种源自本能的爱，如果脱离了理智严密的监控，就很容易变成溺爱。

爱护子女固然是父母的责任，但面对子女的错误，父母不应无视与放纵。子女的行为本不应被干扰，他们面对一切事情都应有自己的意识，他们在孩童时期就算做出什么坏事也不会有多严重的后果。而且就算子女有些顽固，父母也会觉得这与孩子天真无邪的年纪相符合，因此对于子女所犯的错误，做父母的总会觉得没有什么危险，放任不管也无妨。

那些溺爱孩子的父母，他们总是会原谅并且从不纠正子女的恶作剧，在他们看来，那不过是些无关紧要的小事。“没错，但是习惯这件事情却是关系重大呀”，梭伦对父母的这种行为做了极好的回答。

如果对孩子溺爱，那么孩子必然学会骂人、打人，他想要什么东西，就会哭着去达到目的，他想做什么事就一定要去做。在孩子年幼时，父母纵容他们，影响了孩子的本性，日后尝到自己亲手酿下的苦果，却又为此感到不解。等孩子长大后，那些恶习也随之而来。

彼时孩子已经长大了，父母不能再拿他们取乐，不能再纵容他们，于是他们就开始抱怨孩子自以为是，过于倔强。他们这才意识到自己亲手养成的各种坏习惯是多么麻烦，才会知道孩子倔强固执是多么令人讨厌。那些由他们亲手种下的野草已经扎根颇深，此时他们再想去拔除，大约为时已晚。

在他穿童装的幼儿时期，他已经习惯了所有的事情都由自己来支配；等到了他可以穿短裤的年纪，他企图继续用自身的意愿来支配所有的一切，这些又何足为奇呢？

实际上，他越是接近成年，他的错误就会因为他的年纪而越来越明显。做父母的到了那时才会意识到，那是他们放纵所造就的恶果。

儿童对成人的操控

早在还不会走路、不会说话的时候，儿童就已经能够操控周围人的意识了：他的父母在他刚开始学说话时就对他弯下了腰。如今他已成年，与以前相比，他更聪明也更强壮，那为何突然要被管束？为何父母以前所给予他的诸多宽容到了他7岁、14岁或者20岁时会大幅减少？

你可以找只狗，找匹马，或者随意找只什么动物来试验一下，看看是不是它们的性子在小时候越是被养得桀骜难驯，长大之后想要纠正就越是困难。然而若是论起骄傲与倔强，论起想要支配自己与他人的意愿，这些动物连我们人类的一半也不及。

我们通常用非常聪明的方法来对待动物，打它们很小的时候就入手，及早开始训练那些我们希望能有用处的动物。唯独对于自己的后代，我们却不知要注意这点，我们令他们成为糟糕的孩子，然后又无知地盼望他们长大以后能成为善良的人。

孩子伤心或者哭泣的时候就觉得他可怜，于是在他想吃糖或者想吃葡萄的时候就满足他。既然这样，那么他长大后要是想要酒色又有什么理由不满足他呢？一个年纪比较大的人想要酒色，这和他小时候哭着要东西并没有什么区别。

人类在不同的年纪对欲望的需求也各不相同，这并非我们的过错，真正的过错是让欲望脱离了理智的约束。是否具有约束欲望的能力以及是否能够不为欲望所惑，这才是当中的区别，而不是有无欲望。那些小时候惯于自我，对他人的理智不服从的人，等他长到能自己运用理智的年纪，对于自身的理智他也甚少会去听从。可以想见这样的儿童长大后会成为哪类人。

改变惯用的方法

哪怕是那些看上去对子女的教育最用心的父母，他们也经常会忽略上述情况。如果你想一下普通人是怎样管教儿童的，想一下他们受人指责时毫不在意的样子，那么我们就有理由怀疑他们连一点教养也没有。

如果父母以及其他儿童亲近的人不曾对儿童灌输恶，不曾在儿童刚知道何谓恶之时就给儿童种下恶的种子，那么儿童又哪里会有什么恶念？

我并不是在说他们给儿童做了示范，我所着重的是他们使儿童偏离了道德的规范，将恶灌输给了儿童。他们在子女还没有学会走路的时候就将独断、残酷、报复等理念教给他们。

有一种训诫是很多儿童每天都会听到的，即“找根棒子给我，我要打他”。也许大家觉得这种训诫没什么影响，反正儿童的力气不够大，他们也惹不出祸来。然而，我对此有疑问，难道就不担心他们的精神就会因为这种训诫而受到损害？难道这不是在教唆他们使用武力与暴行吗？他们若是在小时候受到别人的唆使就会去打人、伤害人，并且以此为乐，那么等他们长大以后，他们有了力气和行动自由，能蓄意打人，那个时候难道他们会不打人了吗？

同理，我们之所以会遮掩身体，是因为想要保暖、得到保护以及羞耻心的存在，但穿在孩子身上的衣服却因为父母的无聊或者愚昧而有了别的意义。衣服成了他们攀比的工具，用来满足他们的虚荣心。儿童在他们的教导下对一套新衣服的诉求是好看、漂亮。

当小姑娘穿上一套新衣服，或者戴上一顶新帽子时，她的母亲看到后觉得若是不喊她几声“小公主”“小女皇”，若是不教她把自己赞美一通，那怎么可以呢？于是，小孩子还没学会怎样穿衣服的时候就先学会了如何去炫耀自己的衣服。他们从小就跟父母学会了这样做，他们长大后，看到裁缝做给他们的时髦衣服又怎么可能不继续去炫耀呢？

为了自身的方便，老师或者父母常常会怂恿他们的学生或者孩子说谎、闪烁其词，或者说与谎言差不多的搪塞的话。“歪曲事实”对正直的老师和父母来说是有利的，他们因而受到鼓励。当青少年发现这点之后，要是“歪曲事实”也能给他自身带来好处，那么他能做到不利用这一点吗？

处于社会底层的人，他们的儿童是不会吃得过饱的，因为他们的财产不够丰厚，所以没有饮食的诱惑，也就不会有追逐酒肴的能力。然而他们只要钱财绰绰有余，他们就会给儿童带来一些糟糕的影响，儿童会发现他们饮食有度并不是因为不喜欢多吃，他们也并不是不喜欢饮酒，而是因为物资的匮乏。

然而我们若是再去看看那些家境相对富裕的家庭，他们以饮食为乐，视饮食为人生大事，他们会认为儿童若是缺了饮食就是受到了忽视。在他们吃饱后，还拿肉菜、汤羹，以及其他各种精心烹制的食物来诱惑他们，然后又担心他们吃得太多，为了促进消化，再给喝一杯果汁，实际上这么做反而会导致积食。

倘若小宝贝看上去有些不舒服，他们首先想到的就是："宝贝，有什么想吃的吗？我给你找点东西吃好吗？"接着就开始了吃吃喝喝。在疾病刚开始的时候，人类的"本能"就聪明地通过降低患者的食欲来抑制疾病的发展，然而众人却为了增加食欲而千方百计地去做些美味的食物。事实上，胃部只有不再容纳新的食物，才能把消化食物的精力腾出来去战胜初起的疾病。

有些幸福的儿童，他们的父母对子女照顾周到，他们因此习惯了饮食简单清淡，对口腹之欲不放纵，然而他们还是不可避免地遭受到了一种在精神上传播的伤害。在管教他们的时候，如果方法得当，那么也许能够使他们得到健康的身体，但有一种精神主义时时刻刻在煽动蛊惑他们，并最终将他们的欲望煽动起来。

有一种到处都在鼓动的说法就是“吃得好”，人类原本的食欲在“本能”有效的刺激下很快就会喜欢上珍馐美味。人们因此称赞这就是过上了好生活，哪怕是那些与邪恶对抗的人也这么赞叹。理智哪怕再严谨，又能有什么法子呢？毕竟风气就是这样。那些社会上杰出的人，往往也只以精神为重，我说那是奢靡的一种又怎会有人相信。

拥护精神主义的人很多，如今精神主义这种毛病已蔚然成风，我不清楚它有没有成为一种美德上的名堂，如果有谁在此时站出来提出不同意见，也不知他会不会被众人当成傻瓜，会不会被人视为不通世故人情？坦白说，他们周围到处都是敌人，不但有各种诱惑，而且还有人公然灌输邪恶，哪怕他们觉得安全的地方也不可靠。

幸好我在此所说的这番话主要目的是提醒做父母的在教育子女时要当心，不然人们就要指责我无缘无故嘲讽他人了。

我不想再多谈论与这个话题相关的事情了，我只希望这世间所有的父母都能够好好地做一番思考，好好想想在没有留意到的时候，儿童究竟受到了什么有损德行的引导；想想如果是理智的、有责任感的父母，那么是不是不应让孩子受到这种引导。

我认为，“对理智所不允许的欲望有克制的能力”是所有品德与美善的原则基础。得到和增强这种能力依靠的是习惯，而想要熟练发挥这种能力则需要尽早练习。大家如果相信我，那么就听从我的建议，我们要改变惯用的方法。

孩子在摇篮里就应养成克制自己欲望的习惯，不要抱有强烈的愿望。他们能得到某样东西，是因为他们适合得到，而不是因为他们喜欢，这是他们需要明白的第一件事。

倘若给他们的东西都是适合他们的，而绝不会给那些他们哭着哀求的东西，那么没有得到那样东西，他们也能学会感到满足。他们通常不会为了赢得胜利而采用乖戾吵闹的手段，也不会像眼下所见那般闹得自己与旁人皆不得安宁了，这是因为从一开始人们就不是这样对待他们的。

倘若从不曾因为他们的恳求而满足他们的欲望，那么他们也就不会再哭着提要求，这就和他们不会哭着要月亮是一样的。

我并没有要儿童对一切事物都不可以有丝毫放纵的意思，我也并没有希望儿童能够如同议会里的议员那般懂规矩、有理智地去听从别人的意思。我很清楚儿童终究是儿童，他们理应被温柔对待，他们可以拥有玩具，也可以做游戏。

倘若儿童想要的东西，抑或他们想做的事对他们来说并不合适，那么我们最好不要因为怜惜他们年幼而准许，这才是我的本意。不管他们如何纠缠，只要他们开始纠缠，就不可以让他们得到。

我见过一些儿童，他们在用餐的时候只吃给自己的那一份就满足了，绝不会去要其他任何食物。在别的地方我也见过另一些儿童，他们不但要每盘菜，而且还必须要先吃，他们不管看见什么东西都会哭着去要。为什么这两种儿童区别如此之大？难道不是因为后者习惯了哭着要东西，习惯了想要就能得到吗？而前者并非如此。

我认为儿童年纪越小，就越应该少去满足其不合理的、不羁的欲求，儿童自身理智越少，越是应该让监护人的绝对权力来约束他们。所以在我看来，能够常伴儿童身旁的唯有理智谨慎的人。倘若世人惯用的方法与我所提议的不一样，那么我也无能为力。

我在此所提的办法是认为未来应当具有的，倘若早已有此种办法，那么也就无须我再来多嘴提醒世人。不过我坚信，世上必然有和我想法一致的人，认为越早开始这种对儿童的管教，儿童和教师也就能越早获得安宁。

一旦对儿童索要的东西予以了拒绝，那么之后不管他们怎样请求哭泣，自然也不能再答应他们，必须严格遵守这条不可违背的准则。当然你若是希望他们变得缺乏耐性、令人厌恶，那么你大可如此“激励”他们。

人们但凡想要管教儿童，那么便应该在儿童很小的时候就着手，应该让子女服从父母的意志。倘若你希望你的孩子在度过儿童期之后依然对你服从，那么你要尽早把做父母的威信树立起来，在他刚懂得服从，懂得是谁来负责管教自己的时候就开始树立。

倘若你希望他对你有敬畏心，那么你便应该在他还是个婴儿的时候就让他敬畏你，等他年纪渐长，你便可以对他多和颜悦色些。这样做的话，他小时候是顺服于你的孩子，长大后则会成为你知心的朋友。

在我看来，人们都用了错误的方法来对待子女，他们在子女年幼的时候一味亲狎纵容，子女长大后他们又疾言厉色，不肯再去与他们亲近。

不管是自由还是放纵，对儿童来说都没有任何好处可言，必须有人来管束他们，因为他们遇事后没有做出判断的能力。而成人则截然不同，他们可以依赖自身的理智，严厉与专制对他们来说可不是什么好办法，不然的话，你就是故意想要你的子女在长大后对你心生憎厌。子女在幼年时，应当把父母看作“统治者”，父母拥有绝对的权力；等年纪渐长后，则应把父母看作朋友，父母是可靠的、最好的，他们应对父母这般敬爱。我想大家都会觉得这样想是合理的。

倘若我的想法是正确的，那么我所提及的是唯一能够达成目标的方式。待子女成年后，他们是和我们一样的，也有热情，也有欲望，我们应这样看待他们，就如同看待自己一般。

我们认为自己是理性的动物，也希望别人这么看待我们，我们应有自由；我们不愿意看别人脸色，经常受人指责，我们不想因此忐忑不安；我们与人相处之时，也不想被人冷落、挖苦。任何一个成年人如果处于这种情形之下，那么他必然会去另寻朋友，另寻伴侣，另寻可以沟通的对象。他们唯有如此才能享有精神上的安然自在。

如果从一开始就坚持对儿童严加管教，那么他们从小就会是顺从的，对管教欣然接受，因为在他们的认知中除了顺从再没有别的。倘若他们逐渐长大，能凭借理智行事后，对他们的管束就应逐渐放松，这是他们应受的对待。父母的态度要比以前更和蔼，一点点缩短彼此的距离。如此一来，以前父母的管教会使他们心中愈发产生敬爱之情，因为他们心里明白，以前的管教皆是出于对他们的爱护，是为了让他们不但能够拥有父母的爱抚，还可以收获旁人的尊重。

至于你要如何树立你在子女心中的威信，这件事我已说了不少。首先你应借助敬畏来获得对子女的精神进行支配的力量，等子女年纪渐长后，再借助友爱来把这种力量延续下去。

不管是惩罚还是鞭策，总会有用不上的时候。倘若到了那时，你不能凭借你的爱令他们孝敬、顺从，倘若他们不会因为珍惜名誉、重视德行的念头而走上光明的正道，那么请问你还有什么能够让他们踏上光明正途的办法吗？

诚然，他们若是不讨你喜欢，恐怕得到的遗产会少，他们也许会为了你的财产而成为你的“奴仆”，但他们在私底下依然过着没有德行的生活，而且此种束缚并不可能长久。

每个人都不可避免地会有只能靠自己的时候，所以，从内心去培养一个真正有德行的、善良的、能干的人至关重要。那不是畏惧父母生气，担心不能继承财产而伪装出来的外在与行为，而是根植于他们天性中的一种习惯。因此，要靠教育来实现这一点，这是他应得的。

对待惩罚与奖励的正确态度

我很清楚一点，那些极为残酷的惩罚几乎没有什么好处，实际上，它在教育上的危害是更大的。此外我坚信，受到最重惩罚的儿童，很少能长成最好的人。我一直在强调，不管是哪种严格的管理方式，通常都是儿童年纪越小越可以多使用。只要适度使用，见效后就应予以放松，并转换为相对温和的管教方法。

在子女能记事之前，父母若是能坚持令他们的性情变得平和，那么它就能自然而然地成为本性，不会生成怨恨与反抗。唯有一点需要注意，那就是要早下手，不可有一丝破例，务必让他们对父母的敬畏之心变得理所当然，他们要打心底服从，没有一丝勉强。培养务必尽早开始，否则想要改正的话，必然需要更多鞭策，也必然会遭受更多痛苦，越是耽搁，需要的鞭策就越多，遭受的痛苦也就越大。只要成功培养出这种敬畏心之后，那么就算儿童还是会有各种欲求，只要正确对待，他们长大懂事之后，无须鞭笞、斥责等羞辱人的惩罚，只凭这种心理就能够进行管束。

我们只要想清楚教育的真正目的之所在，以及教育的真正关键之所在，便很容易明白其中的道理。

第一，倘若他对自身的欲望做不到克制，对理智的教导做不到服从，对眼下沉迷的快乐或者痛苦做不到摒弃，那么他就有可能一无所成，因为他在品德与努力上有欠缺。他们不羁的本性与自制的习惯截然不同，因此应尽早让他学会克制欲望。

与此同时，决定未来的能力与幸福的真正基础也是自我克制这一习惯，应尽早使这点在他们的心底扎根，在儿童刚懂事、刚学知识的时候就应该开始培养，只要是负责教育他们的人，全都应该竭尽全力使儿童养成这一习惯。

第二，倘若儿童太过消极，或是精神因为管教过严而太过颓废，那么他们的勤奋与活力也就会消失，这种情况比前者要更糟。因为那些意志自由的青年人，一般都生气勃勃、精神抖擞的，他们一旦踏上正途，往往有可能成为了不起的人。而消极的儿童则不会如此，他们精神压抑、性格怯懦，就算最终打起精神来，也很难在事业上有所成就。

想要避免以上两方面的问题，那么就需要一种强大的方法。倘若有谁能够寻找到一个方法，这个方法既可以让儿童在精神上自由、安逸、活泼，又可以让他克制自身的诸多欲望，从而去与不习惯的事物接近，把表面的矛盾调好了，他也就领悟了真正的教育秘诀。

鞭笞通常是一种取巧的惩罚儿童的方法，通常是教师唯一能想到的或者说是知道的管束儿童的工具，却是最不适宜的一种教育方法，因为它有很多弊端。在这些弊端的左右围攻之下，它不可避免地会丧失人们预期的作用。

第一，贪图肉体与现实的快乐，竭力回避痛苦，这是人类本性上的一种倾向，然而鞭笞这一惩罚手段却并不能对这种倾向起到克制的效果，反而会给予强化，一切的罪恶与邪恶也就由此而生。

因为畏惧挨打，一个本不喜欢读书的儿童开始苦读，一个喜欢吃不卫生水果的儿童也不敢再吃了。难道他此时所有的行为动机不正是因为害怕受到鞭笞，逃避肉体上的痛苦，贪图肉体上的享受吗？现在他只是因为害怕遭受肉体上更大的痛苦，想要追求更多肉体上的快乐罢了。

倘若基于这些动机来对儿童的行为进行指导和约束，那么又会得到怎样的结果呢？我要说的是，他们身上那些我们想要去除的根源反而开始生长，除此以外，还能有什么样的结果呢？因此我认为，不管儿童受到怎样的惩罚，他们若是更害怕惩罚带来的痛苦，而不是因为做错事情感到羞愧，那么这样的惩罚便不会有什么好的作用。

第二，至于老师希望儿童感兴趣的事物，却会因为这种惩罚而使儿童对其心生厌恶。这点毋庸置疑，儿童原本对一些事物充满兴趣，然而他们却因为这些事物受到斥责与鞭笞，那么他们难道就不会对那些事物开始排斥吗？

对他们来说，这也不可以理解，哪怕是成年人也不可能在被这样对待之后还会喜欢那个事物。一件正经的事就算再有趣，他若是不想做，却被人用鞭子抽，用恶语骂，强迫他必须去做，或者他在做的时候，总会因为一丁点小事就受到别人如此对待，难道他对那种有趣的事会不反感吗？他当然是反感的。

不舒服的情形往往会波及与此有关联的、无辜的事物。比如，有人喝苦口的药水时固定使用某个杯子，那么一段时间后，他只要看见这个杯子就会感到反胃，不管这个杯子的价钱有多昂贵，外形有多精美，洗得有多干净，他也不会觉得盛在里面的东西是美味的。

第三，这种管教属于奴隶式的，也只会造就奴隶般的脾性。儿童在有教鞭威胁的时候会屈服，或者会假装屈服。然而在没有教鞭、没人看到时，在他清楚不会被惩罚时，他就会对自身的本性愈发放纵。他的本性根本不会因此有任何改变，反而会变得愈发严重。被如此管束之后，一旦反弹，往往来势凶猛。

第四，倘若管教极为严苛，眼下他任性这个问题也能处理好，不过接下来要面对的他心情颓废的状况往往更糟糕，危害也更大。你那时便是用一个意志自由的青年换来一个精神沮丧的家伙。他那与本性违和的拘束模样甚至都可以令别有用心的人感到愉悦。呆板的儿童是别有用心的人喜欢的，因为这样的儿童不吵不闹，不会对他们有任何干扰。实际上这样的儿童不管是对自己，还是对别人，一辈子都不会有任何帮助，他们的朋友也不会感到舒适。

综上所述，为了让儿童成为善良、聪明、正直的人，我们在管教他们的时候使用鞭笞以及其他带有奴隶属性的体罚手段是不正确的。这类手段只能在迫不得已的、极为特别的情形下临时使用。

此外，应避免拿儿童喜欢的东西来奖励他们，不要以此来讨他们的欢心。为了让孩子读书而拿糖果、苹果或者其他孩子喜欢的东西来做交换的人，他实际上是认同孩子对快乐的迷恋，他在放纵应竭力去遏制的那种会带来危害的爱好。你在一方面严格管制儿童的欲求，在其他方面轻易就去满足他，那么你绝不可能令他学会克制自身的欲求。

他只有对自身的欲求学会克制，成年后才会善良、聪慧、品德高尚：只要是理智的反对，只要是责任的要求，他就能够对自身在饮食、服饰、金钱等方面的欲望做到克制。

然而，那些本是他该做的事，你却用金钱来做奖励。你看到他读书，于是就拿美味的食物来奖励他的辛苦；他完成些许你要求的课业，于是你就许诺给他买一些漂亮的新衣服，或者是有花边装饰的领巾。这种种你所给予的奖励分明是在说：他的目标应当是这些好东西。这是在鼓励他对这些东西充满期待，是在让他养成将自身的快乐建立在这些东西上面的习惯。难道我说的不对吗？

为了让儿童能够勤奋地去学习语法、舞蹈，以及别的各种有益或无益的东西，于是胡乱使用惩罚与奖励的机制，这分明颠覆了他们的观念，毁灭了他们的品德，这无异于教他们虚荣、奢侈、贪心。

那些原本应遏止的不合适的欲求，如今却在被鼓励，儿童的未来由此奠定了罪恶的基础。除非我们对自身的欲求能够做到克制，且让他们习惯必须服从理智，否则便避免不了那种罪恶。

我的意思并不是一切不会伤害健康或者不会有损品德的愉悦和舒适都不允许儿童去享受。实际上我的意思刚好与此不同，我的观点是，不管什么娱乐，只要是无害的，能够使儿童从中获得快乐，那么儿童尽可以去恣意享受，从而尽可能令他们的生活变得愉快，充满兴趣。

不过需要注意一点，儿童会得到这些快乐，只能是因为获得了父母和老师的看重以及赞许。倘若他们不愿做某件事，或者必须在某种快乐的激励下才肯去做，因此就将某种快乐给予他们做奖励，这点是绝对不可以的。

但是如果既不使用教鞭，也不想利用受儿童喜欢的小鼓励，那么到底要如何管束儿童呢？如果畏惧与希望全都没有了，那么也就没有所谓的纪律了。

我承认理性动物唯一的行为动机就是奖善罚恶。这就相当于御马的鞭子和缰绳，能够使所有人去工作，接受被带领这件事。所以，在儿童身上也可以利用奖罚的方式。这一点我奉劝所有父母与老师永远牢记，他们在对待儿童的时候，应该把儿童也视为具有理性的动物。

倘若我们要支配儿童，那么应当使用奖励与惩罚，对此我不否认。但我认为所采用的奖励与惩罚的办法普遍选择得不适合，这就是错误所在。

把肉体上的快乐与痛苦作为支配儿童的奖励与惩罚，我认为这不会有好结果。我曾经说过，那些本应被我们消灭的欲求却因为这样的做法而得到增强。

为了让他的欲望A消除，于是给予他补偿，让他的欲望B得到满足，倘若这样做，儿童又会被你养成一种怎样的品德呢？这只会使他的欲望增加，使他的欲望在歧路上走得更远而已。

倘若孩子哭着来要一种有害的、不卫生的水果，为了让他安静下来，你就给他一些害处相对少些的糖果。这样的话，也许能保护他的健康，但却损害了他的精神，使其与正轨愈加偏离。

这是因为你在此只是对欲望的内容做了改变，但实际上你还是认为欲望本身应该被满足，还是鼓励欲望本身。我其实早已说过，欲望本身才是问题的根源。

你没有令他对那种欲求学会克制，也许儿童能以此做到守规则，能够保持安静，但问题却没有得到真正解决。你采用的这种方式分明滋长了他心底的恶之源，一旦有机会，它就会再次爆发，来势只会比之前更为凶猛，那时他必然会有比之前更大的欲望，你也必然会承受更深的烦恼。

让孩子懂得什么是尊重与羞耻

我们应该用另一种奖励与惩罚的方式来使儿童遵守秩序，这种方式的力量在于它们只要起到了作用，那么困难也就过去了，事情也就解决了。当儿童懂得了何为尊重与羞辱之后，这就会成为能够刺激儿童心理的最强能力。

你若能使儿童珍惜名誉、畏惧羞辱，那么对儿童来说，也就具有了一条真正的准则，这条准则会一直发挥作用，令他们踏上正途。然而问题是：如何才能做到这一点呢?

这件事从一开始看上去就不容易，尽管我承认这点，但我认为实现这一目的的方法还是值得我们去寻找的（找到之后，还需执行）。在我看来，这是教育的一个重要诀窍。

第一，对于称颂，儿童实际上反应极为敏感。这种敏感的觉醒可能要早于我们的想象。他们认为，能够被人瞧得起，特别是能够被父母以及自身所依靠的人瞧得起是一种幸福。

倘若子女的行为好，父母看到后就应予以表扬；倘若行为不好，父母看到后便应表情冷漠，不予理睬。与此同时，母亲在对待子女的时候也要采用同一个态度，儿童身边的其他人也应态度一致，那么用不了多久，儿童就能感受到这种态度上的不同。

我相信，如果能够长期坚持这样做，一定可以带来比鞭笞或者威胁要好得多的效果。鞭笞与威胁用得多了就会失去威力，而且如果儿童没有羞耻心的话，就不会有任何效果。因此除非迫不得已，否则应禁止使用鞭笞与威胁。

第二，被尊重时的喜悦，被辱没时的羞耻，儿童应对此有更为深刻的感受，并使这种感受越发深刻。在儿童得到尊重之时，各种积极的东西就会围绕着他；当儿童受到羞辱之时，各种负面的东西就会围绕着他。这并不是奖励他们某些好的行为，也不是惩罚他们某些不好的行为，而是因为他们的行为受到了别人的尊重或者奚落，这个结果是长期的、必然的。

儿童有了这样的体验之后就会明白，只要受人尊重，行为良好，那么他们必然会受人喜爱，从而可以获得诸多喜欢的东西。而行为不好的人，或者对自己的名誉不爱惜的人，必然会被人看轻，受人冷待，于是他得不到一切想要的、喜欢的东西。

通过这种方式，儿童一开始就会明白只有名誉良好才能获得他们喜欢的事物，才能有享受的资格，于是他们的欲望反而能够促使他们的品德成长。在你用了这种方法后，他们能够因为犯错而感到羞愧（我希望再没有其他惩罚），他们能够因为受人青睐而感到高兴，那么这样一来你就能够随意支配他们了，而且他们会对所有品德充满热爱。

当父母冷酷地对待孩子时，其他所有人都不要给孩子好脸色，务必和父母保持同一个态度。等到儿童主动请求谅解，将错误改正，恢复名誉之后再改变态度。

我相信，如果能长期坚持并执行这个方法，那么也就很少能用到鞭笞或者斥责了：他们自然很快就可以学会通过获得别人的称颂来使自身得到满足，就算没有鞭笞或者斥责，他们也会避免去做那些众人都反对，自己做了也会受苦的事情。

他们就这样学会了谦和与廉耻。对于那些会让自己受人轻视的事，他们有了认知后很快就唯恐避之不及。

应尽量避免使用鞭笞或者斥责。儿童犯了错就受到鞭笞或者斥责，那么这只会使他对自己所犯下的错误产生一种害怕与羞耻的心思，除此以外，不会再有任何别的好处。

如果惩罚不能使儿童明白自己究竟错在哪里，那么鞭笞所带来的只能是表面功夫。它只是缝合了表面，处理的只是伤口的一层皮膜，并没有触碰到疼痛的中心。

真正的约束是发自内心的羞耻心，以及怕被人讨厌的畏惧心。只有这两者才能够用来掌握御人的缰绳，能够令儿童遵守规矩。经常动用体罚必然会使儿童失去羞耻心，从而产生不良结果。

儿童的羞耻心在经常被冒犯的时候不可能还会保持下去。甚至还有父母在鞭笞子女几下之后立刻就表现出不生气来，那么儿童是不会畏惧父母的怒火的。

子女的哪些过错是值得生气的，父母对此应该好好思考一下。但生气与惩罚过后，他们不应马上改变态度，他们要想办法让子女恢复原先的品德，等子女做到服从，比之前更好，将犯下的错误都做了弥补，这之后才可以将态度恢复如初。

惩罚过于频繁，就变得不稀奇了，也就彻底失去了其应有的作用。只要儿童犯了错，你就去惩罚，但惩罚后，你又立刻原谅他，于是他也就对此习以为常了。

名誉虽不是品德真正的标准与原则，但它却是与其最为接近的，这是关于名誉，我唯一要说的一点。

名誉是人们从理智出发，对一切优秀的、品德高尚的行为进行的一种证明与赞美，在儿童还没有成长到能够用自身的理智去分辨是非之前，名誉是一种正当的，能够鼓励和指导儿童的方法。

父母应当思考如何去称赞或者批评自己的孩子。在斥责的时候语气必须要严肃，不可随意，而且应该在私底下，不应在别人面前这么做；等要表扬儿童的时候，则要公开在人们面前。

经过众人的传播，儿童被赞美后获得的奖励就会有更重要的意义。父母对子女所犯的过错不宣扬，那么子女就会更加珍惜自己的名誉，他们认为自己是有名誉的，于是就会更看重别人对自己的好评，会去更小心地维护自己的好评。

倘若他们的过错被你在众目睽睽之下公开，令他们羞愧难当，他们因此心灰意冷，约束他们的工具也就失去了作用，他们觉得自身的名誉遭受了毁坏，他们越是这么想，维护别人对自己好评的渴望也就越少。

保护孩子的童真

然而，若是对儿童教导有方，自然也就无须多用那些常见的奖励与惩罚。儿童喜欢的所有游戏，做的所有天真的蠢事，拥有的所有童真，只要对在场的其他人做到尊重，那么完全可以任其自由，无须横加干涉。

以上这些并不是儿童自身固有的过错，而是儿童时期的天性。如果交给时间，等到了懂事的年纪再去改正，那么他们就可以免受许多令人委屈的、有害的惩罚。频繁的惩罚并不能控制这一时期的天性。以后若是遇到其他必须惩罚的情况，惩罚的力度反而会被削减。加大惩罚力度，虽然也能在一定程度上克制这种天性，但同时也使儿童的身心受到了损伤。

父母应有的威信如果在儿童的心中被树立起来，那么儿童在游戏时太过吵闹或者跟一些不合适的玩伴在一起，只要父母在场，给出一句话，或者一个眼神，他们就会安静下来或者离开。

这种爱玩的性子其实是“本能”驱使，是与年龄相符的，对此予以鼓励，从而使他们的兴致得到提高，健康与力量得到增强，用不着进行约束和阻挠。把儿童要做的事全都变成游戏一般，这其实是我们教导儿童的主要技巧。

给孩子立规矩

下面我又要提及一个教育方法上的普遍错误，即大人们常常要儿童将许多教训和规则牢牢记住，其实儿童通常并没有弄明白那些规则和教训的含义，一直边学边忘。

事实上，如果某件事你想要儿童做，或者说某件事你希望儿童换个方式去做，然而他依然会忘记去做，或者是还没有做好，你应一直让他重复去做这件事，直到做好为止。这样做的好处有两方面。

一方面，你可以由此知道儿童有没有能力去做某件事，能不能期待他们去做。我们有时候只有把某些事交给儿童去做，然后才会发现原来他们还没有能力去做我们要求的那些事情，需要先教他们怎么做以及让他们练习。然而对负责教导的人来说，吩咐人去做可比教人怎么做要轻松得多。

另一方面，在多次练习一种动作之后，他们的身体会养成习惯，不用依靠回忆也能做得出来。回忆是年龄的馈赠，并非童年所有之物。比如他应鞠躬回应向他致礼的人，他应注视与他说话之人的面孔，那些受到过良好教育的人之所以觉得这些事是很自然的，就像呼吸一样，无须思考，也无须回想，是因为他们时时刻刻都在践行。

儿童的任何错误经由你的这种方式得到改正之后，那么也就是永远改正了那些错误。就这样一件件地纠正，他的错误会被你全部清除，他能够养成任何你所喜爱的习惯。

据我所知，有些父母喜欢给儿童制定一堆又一堆的规则，那些规则孩子连记住十分之一都有难度，也就更不必提去实施了。然而可怜的孩子若是违反了这些冗杂、不适合的规则，父母就开始使用鞭笞与斥责来惩罚他们。

以儿童的注意力很难不违反这些规则，他们总是因此被责罚，慢慢也就对别人的叮嘱不在意了。因此，你给孩子制定的规则越少，对他就越是有帮助，只制定必不可少的规则最佳。

他如果忍受不了这些过多的规则，就会有两种结果：一种是，他总被惩罚，然而惩罚太多自然也不会得到什么好的结果；另一种则是，他触犯了一些规则，你却并没有惩罚他，你在他心中的威信也就降低了，他自然对这些规则毫不在意。

要尽量少定规则，但是规则只要确定好了，那就必须要严格遵守。年龄小的时候，只需要很少的规则，等他渐渐长大，已经通过练习奠定了一种规则的基础之后，那时再去给他添加另一种规则。

但我希望你能明白，儿童总会忘掉规则，想要靠规则来教育好他们是不可能的。你认为有什么事是他们必须做的，那么你就应抓住一切机会，有必要的时候甚至去创造机会，让他们去做必要的练习，让他们养成固定做这些事的习惯。他们会因此成功培养出一种习惯来，而有了这种习惯，无须刻意回想也能自然而然地起到作用。

但我在此还要提醒你们两点。

第一，你若是想培养他们去练习养成某种习惯，最好态度温和地去提醒他们，劝告他们，不要对他们严加斥责，仿佛他们故意犯错一样。

第二，要注意不可同时培养太多的习惯，不然的话他们会因为种类太多而感到混乱，最后哪一种习惯也没有培养成。一件事经过反复练习就会变得容易，他们再做这件事的时候就用不着凭借回忆，等到了那时，你再去培养其他习惯吧。

勤能补拙与矫揉造作

家长无须对规则死记硬背，而是在老师的监督下，教育儿童对某项行为反复练习，以此来养成习惯，这是非常好的一种方式。不管从哪方面来看，这样做的好处都很多，然而我当真不理解为何这种方式会被人如此忽视。

我在此可以顺便说一些这样做的好处。

我们不能使儿童的天性有根本上的改变，我们既不能为了把快乐的天性变为忧郁的，也不能为了把忧郁的天性变为快乐的，而使儿童受到伤害。

人的精神具有不同的特质，而那些特质就如同他们的体态，想要把它们改为截然不同的样子几乎是不可能的，我们只能将其改变一点点。

因此，负责照顾儿童的人应该好好研究儿童的天性与才能，并且多做尝试，看看哪条路他们走起来最轻松，哪条路最适合他们。除此以外，还要观察他的本性，看看他适合做什么，以及后续如何进步。

他应该明白什么是儿童缺少的，那些缺少的东西值不值得儿童努力，儿童能不能凭借自身努力去获得他们缺少的那些东西，能不能通过练习来使他们缺少的东西得到增强。我们能做的，或者说我们应该做的，就是把自然的给予最大限度地利用起来，对于这种本性所带来的错误与邪恶应该阻止，对于这种本性所带来的好处则去提供帮助。

应该尽可能去发展每个人与生俱来的才智，但如果想去将他的天性彻底更改，那显然是做无用功，就算强行来掩盖，最后也只是虚有其表，永远带着一种矫揉造作的丑态。

我以为儿童并不是打小就有矫揉造作的毛病，这个毛病也不是未接受过教育的天性所致。这是一种花园里的野草，由于园丁太不小心，才使本应在荒凉野外的它们在花园里滋长蔓延。

一个人会矫揉造作必然是因为管束与教诲所致，同时也因为他意识到礼貌是必须的。矫揉造作想要将本性中的缺点改正，它的目的很可爱，就是想要讨人欢心，尽管它永远不可能实现这个目的，它越是摆出一副优雅的姿态，它就离优雅越远。

它其实是教育所致的错误，我们应提高对它的警惕。诚然这种教育走错了路，但儿童很容易受到这样的教育，要么是因为他们自己做错了，要么是因为周围人不好的行为带来的影响。

优雅的做派一直能够讨人欢喜，这是因为一个人在做某件事情之时，他的心情刚好与那个时候的情境相符合。看到一个善良、优雅、热情的人，我们又怎么会不喜欢？

但凡拥有豁达、能够自我控制并能对一切行为做主宰的心境，既不傲慢清高，也不卑鄙狭隘，更不曾有过什么大的过错，那么自然也不会有人不喜欢。我们当然不会不喜欢，因为这些行为是自然地从完美的心境中流露出来的，是心境的清晰痕迹。既然是内心的自然显露，那么态度也就自然不做作。

我认为这是美的一种。他们的举止和所作所为因为这种“美”而显得愈发漂亮，所有接近他们的人都会感到膜拜与喜悦。之所以会这样，是因为他们的举止是在不断地练习后被熏陶好的，他们基于天性或者由于习惯，在与别人交往的时候，他们对人尊重，有礼貌，表现自然，丝毫没有造作之感，一眼望去就会明白他们是因为性情好而且心情好才会这样自然而然地表现。

矫揉造作则不同，它缺少那种自然的美，它是丑陋的，它是一种对纯真自然情感的强行模仿。这是因为表现出来的行为总是与内心的情景不相符，这种表现有两种。

第一，一个人明明没有某种心情，可他却偏要装模作样，他展现出来的行为举止看起来仿佛他有这种心情一样，不过他这样矫揉造作是会露马脚的。比如有些人表现出一副愉快、悲伤或者慈祥的态度，实际上他根本没有这些心情。

第二，他们有时没有在假装具有某种心情，他们不是在装模作样，但他们总会做出一些不相符的言谈举止。譬如出于对人的尊重或者礼貌，或者他想表现出很健谈，他与对方交谈得很愉快，因此他在与别人交往的时候言行举止会表现出做作，实际上这是对他们内心某种错误或者缺憾的展示，并不是一种真实的或者自然的显露。

这是因为他们大多数时候都不知道去辨别，什么东西是别人性格中所独有的，他们也不知道去分辨别人行为中优雅的那一部分。只要是矫揉造作，不管是哪种方式，终究都是让人反感的，因为那些假装的事情，以及那些为了讨人欢心而装模作样的人，这些本就是我们所厌恶的。

顺其自然、天真不做作的本性要比丑态毕露的矫揉造作好得多。我们并不会因为自身没有什么成就，或者行为有什么不完美，态度做不到十足的优雅就被人关注，受人指责。然而只要我们的言行举止中有了一丝造作的痕迹，那就好比我们在自身的缺点上点燃了一根蜡烛，注定会被人看到，人们要么会觉得我们见识少，要么就会觉得我们不够磊落大方。

老师应特别注意防备这种情形，我之前说过，这是一种由于错误的教育所养成的丑态。那些爱矫揉造作的人，通常都是那些不愿接受自身不擅交际的人以及假装教养良好的人，除此以外，再很少有其他类型的人。

世上总有些懒惰的人，他们只知道定规则、立范本，却不知道将他们的教导与练习结合起来，不知道去督促儿童重复某些行为来对其中做作和失礼的部分进行改正，让自身的行为自然得体。

儿童通常搞不清楚什么是礼貌，家长和老师出于好意常常会去提醒他们，我倒是认为与其按照规定去做，倒不如跟着榜样去学习。只要儿童没有交到不好的朋友，他们就会知道自己若是举止优雅，便能获得人们的尊重与称赞，那么他们会很愿意以别人为榜样来学习，让自己的言行举止也跟着优雅起来。

如果对孩子的言谈举止要求较高，那么便可以交给舞蹈老师来纠正，他能够彻底去掉被仪态优雅的人们所诟病的近乎粗俗的率真天性。

我认为儿童能从舞蹈中获得足够的信心，学会适宜的举止，学会与年长的人交际。因此，我提议等他们到了可以学舞蹈的年纪，就马上让他们去学跳舞。虽然跳舞只不过是一种外表优美的动作，但不知为何，没什么能比舞蹈更能够使儿童在仪态上与思想上更具备英勇的气概。

此外还有一点，那就是我反对因为礼貌上的细节让年龄很小的儿童吃较多的苦头。你要明白，随着儿童年龄的增长，有些过错自然就能改正过来，你无须过于担心。在年纪很小的时候，儿童只要心里明白要有礼貌即可（你应尽早培养这点），父母对他行为上欠缺的细节要少操心。

倘若他幼小的心灵，知道对父母以及师长要敬爱，不可忤逆，对其他的人也心怀善意，知道尊重，那么出于这份尊重之心，他就会自然地去学习受人喜欢的行为，想办法将这份心思表达出来。

你要留心让他一直抱有善良、温和的原则。你要尽可能地把名誉、赞美，以及伴随名誉与赞美而来的各种可爱的东西利用起来，从而使他将善良温和的原则养成习惯。只要不断地练习这种原则，那么等这种原则在他的心中扎了根后，你就用不着担心了。所有展现出来的礼仪与谈吐上的优雅，都会在该来的时候自然地到来。前提是给儿童们找一个教养良好的教师。

年龄很小的孩子，不管他们心不在焉地做了什么事，只要不是因为秉性不良及骄傲所致，我们都可以谅解。但如果他时时事事都流露出这种不好的倾向，那么应马上采用上述方法对其进行纠正。

我不是说，我们不需要逐渐去熏陶他们的举止和动作，即使我们有人知道要如何令儿童懂礼貌。如果有人在儿童刚学会走路的时候就能够用正确的方法来熏陶他们，那其实是极好的。有关这件事普遍使用的错误方法才是我所反对的。

从来没有人对孩子们行为方面的相关事宜进行过教导，但孩子们只要在礼貌上有一丁点做得不够好的地方（特别是有陌生客人在场的时候），他们就经常被责备。从表面上看，他们是在纠正儿童的过错，但实际上只是为了掩盖自身的羞耻。为了自己不受到指责，他们便将过错归咎到无辜的孩子身上，他们畏惧别人的议论，怕别人说是因为他们没有教育孩子的本领，所以孩子才会有不良的行为。

对儿童来说，他们从这种偶尔一两次的教训方式中得不到一丝好处。大人应该事先教导他们，让他们知道什么是该做的，并且对其反复进行练习才可以。不能在儿童事先还一点都不习惯的时候，甚至在他们还根本不清楚应该怎么去做的时候，就突然要求他们去做。

每次都在事到临头之时去斥责他们，并不是在教导他们，而只会使他们无故受到干扰，感到难受。最好不要因为他们天性中固有的，不是劝诫一番就能改正的过错就去斥责他们。儿童天性中率真的表现或者幼稚的不在意，用不着经常无故斥责，可以让他长大后去注意，要知道他并不会因为斥责而学会举止优雅。

儿童心思单纯，内心是懂礼貌的，只是因为没有受到过良好的教育而略显气质粗鲁。这样的话，只要他们是与优秀的朋友一起成长的，那么这些不好的气质自然可以被时间冲洗干净。反之，如果他们总是和不好的朋友在一起，你就算将世间一切规则都用上，用尽所有能想到的惩罚，也依然不能使他们养成优秀的品德。

尽管你每天告诉孩子们与礼仪有关的精湛指示，给孩子各种训诫，但他们周围人的言行对他们举止的影响才是最大的，这个道理你应该要知道。儿童（包括成人）的大部分行为都是通过模仿学会的。我们是很擅长模仿的动物，遇到青色的颜料就会染上青色，遇到黄色的颜料就会染上黄色。对孩子们来说，亲耳所闻不如亲眼所见，这也就不足为奇了。

注意外部环境对孩子的影响

前面提到过，周围若有人喜欢讨好儿童，就会削减父母管教儿童的力度，使父母的威信降低，这是周围人带给儿童的一种很大的危害。此外还有一个弊端就是，儿童有很多不好的行为通常都是从周围一些品行不端的人那里学来的。如果可以的话，绝对不要让儿童与这些人有接触，因为这些负面示范如果被儿童看到，恐怕没有哪个儿童不会受到那可怕的影响。有许多恶习、诡计、言辞，儿童通常都是从缺少教养或者品德的人那里学到的。倘若他们不曾和这些人待在一处，那么他们也许这辈子都不会知道这些。

为了实现这一目的，父母或者老师与儿童在一起时，应该让他们感到自在与舒适，应该允许他们享有与年纪相符的自由，不必无缘无故地拘束他们。他们若是觉得与父母、老师在一起的时候像坐牢一样，那么他们自然就不愿意待在父母、老师跟前。

我反复强调，只要不是坏的，就应给予他们自由，他们那天真的行为或者幼稚的游戏，都不应被阻止。此外，只要是他们喜欢的东西，都应从父母那里获得，并且由父母亲自给他们，这样能够使他们愿意与父母相处。

提过周围人这点后，我真的不想再喋喋不休地和你讨论这个话题了。我觉得既然周围人比所有的规则、训诫、教导的影响都要大，那么再多谈论其他的事情几乎都是无用功。

你必然会说，对我的孩子我又能怎么办呢？倘若我一直把他留在家中，那么他就有危险，他有可能会变得任性或孤僻；倘若我放他出去，外面到处充斥着邪恶与粗俗，他要怎样才能不被传染？

他如果被留在家中也许会比较单纯，但他也会更加不通人情世故。他在家中每日所见的都是那几张熟悉的面孔，他没有新的朋友，一旦外出与人见面，他要么会成为一个怯懦的家伙，要么会成为一个自负骄傲的人。

我承认这两方面都各有缺点。

儿童如果习惯了在外面闯荡，他的胆量也就更大，与同龄的孩子相处起来也更容易；同学间的互相竞争会促使年幼的孩子更积极、更用功。

然而，你要找到一个这样的学校，学校里的老师可以照看到学生的礼貌问题，能够如同博学的教授那般用语言来熏陶孩子的言谈举止，并取得成效。在这之前，你要承认，你之所以让你的孩子去学校，拿他的天真和品德去冒险，并不是因为你希望他成为一个有胆量的人，而是因为你对古希腊、古罗马的文字非常看重，希望他能够去学习一点希腊语和拉丁语。[1]

男孩从学校的朋友那里学来的活力与胆量通常都含有杂质，这种杂质往往是鲁莽的、负面的。必须要清除这些没有规矩的、不合适的处世方法，换成更好的行为准则，同时要让他成为一个真正有价值的人。

一个人如果想要过上好的生活，想要在世上能够独立处理自己的事情，这些绝不能和他从同学那里学来的莽撞、粗野或者阴谋一起并存。只要想到这点，大家就会明白，学校教育与私家教育相比，前者有优点，后者有缺点，尽管如此，还是后者往往更可取。[2]因此为了保持孩子的单纯与谦和，人们就会开始想办法把他留在家中。孩子在家中，更接近亲人，更容易学到一些品德，能够做个有用、干练的人。

女孩原本就是在退避与羞涩中长大的，但也不会有人觉得她们不懂事，不能干，人们甚至不会对此有丝毫质疑。等她们踏入社会后，习惯了与人交往，很快就会

1　希腊语和拉丁语等是英国教育体系中的内容。后文亦有述及，同理。（译者注）

2　英国绅士教育的特点，提倡家庭教育。（译者注）

变得自信。

另外，不管是什么样的鲁莽与叫嚣，男孩都要很好地回避，因为我认为粗鲁与不好的礼仪并不是勇敢的表现。

比人情世故更难获得的是品德，儿童如果失去了品德就很难再恢复。人们习惯把懦弱无能、不通人情世故等毛病归咎于私家教育。实际上那些并不是无法改善的毛病，也并不是私家教育所带来的必然结果。与这那些毛病相比，邪恶才更危险、更顽固，因此要优先防范。

溺爱会导致儿童懦弱无能，对此应尽量避免。教育的主要目的是培养品德，懦弱这种性子很容易被用心不良的人引诱，导致年轻人堕落。一名青年必须具备坚定的信念，熟悉人情世故，品德稳固后，他才可以走出父母的宅邸，离开老师的保护。如果他对交友的危险没有深刻的认识，对一切诱惑做不到冷静克制，那么他很容易踏上歧途，走上绝路。

若非如此，也就无须过早关注儿童的不通人情世故与羞涩胆怯。这个问题社交就能解决大部分，倘若解决不了的话，那就更充分地说明家庭中需要一个优秀的老师。倘若你尽早、努力地使他养成坚强的品格和冷静的态度，那么等他一个人步入社会的时候，他在品德上无疑多了一重保障。

为了让儿童自信，掌握那么一点与人交往的技巧，就放弃儿童的天真，放任他与那些缺少教养的孩子随意相处，这么做非常不正确。坚强、自立的品质主要是用来使他保持品德的，倘若他的不良行为得到支持，那么他就彻底毁了。你如果不想办法去消除他从坏孩子那里学来的习惯，那就只能任由他被毁掉。

男孩子只要能和人相处，随着时间的推移，他们就都能学会从容。在这之前，他们更适合接受的教导是谦顺和服从，因此无须事先过度培养他们的自信。与他们得到品德有关的原则、实践，以及良好的教养，才是最应该花时间、下功夫去努力做的。他们一旦进入社会，与人相处，虽然能够获得一些自信与知识，但另一方面也会失去一些品德，因此必须事先做好与品德有关的充足准备，让品德能够在他们身上深深扎根。

他们长大后怎样与人交往，怎样步入社会，这些以后我们再讨论。不过那些整天与顽劣的孩子混在一起的儿童，他们学到的往往都是撒谎骗人、逞凶斗狠，对于他们以后能与人礼貌地交往，并从事体面的工作这件事，我是决计看不出来的。学校里的孩子家庭成员的素质通常也是参差不齐的，所以做父母的让自己的孩子和这种朋友混在一起，他的孩子到底能从中学会一些什么样的品德，那可真是不好说。

我认为一个家庭如果能请得起家庭教师，那么这家的孩子不但学习起来更轻松，思想成熟得更快，而且举止更优雅，思想更高尚，他会知道什么是正确的、什么是有价值的。有关这点，学校的老师可能做得不是特别理想，当然我并不是在责备学校的教师。

一个家庭教师也就负责两三个学生，而学校的一个教室里就会塞满七八十个学生，家庭教师与学校教师显然有着很大差别。不管教师多么有本领，不管他如何努力，当他负责教导五十个或者一百个学生的时候，他是绝对没有办法连他们不在学校的时间都照顾到的。他也没有让学生在书本以外的事情上取得成绩的能力。

倘若一个接受家庭教育长大的孩子，他的这些品质并没有比在学校受到教育的人要多，那么也只能怪他的家长在聘用家庭教师的时候做了错误的选择。

你可以在文法学校里找一个最优秀的学生，然后再找一个接受过良好家庭教育的同龄孩子，并让他们成为好友。之后你可以观察，看看哪一个举止言谈更有男子汉的气概，看看见了生人后，哪一个更能谈吐自如，从容冷静。我坚信，那个学校里的学生必然自信不够，要不然也会贻笑大方。他的自信如果只能用来和孩子交际，那还不如没有。

倘若我们相信普通人所说的，那么在如今这个时代，邪恶的种子很早就种在了儿童的身上，并且很快就会成熟起来。你若是冒着风险，由着他在外胡闹，任由他在学校凭着运气，或者随便按照自己的喜好去交朋友，那么他很可能被传染、毒害。

至于邪恶为何近些年在我们当中如此盛行，是谁纵容了它，这我就不做研究了，交给其他人好了。有些人一直在抱怨教徒的虔诚与品德在大幅度降低，抱怨当代绅士阶层的学识在不断退步。我希望这些人能好好去思考一下要怎么做才能让后辈的品德不降低，信心不减少，知识不落后。

倘若我们没有给儿童的教育与原则性打好基础，我想我们所做的其他一切努力也都白费力气。英国之所以成为在世界上很有名气的国家，是因为我们英国人有学问、品德与本领，然而我们倘若不去关注并保留后代单纯、端正和勤奋的美好品德，却又希望这些品德、学识和本领他们能充分具备，那可真是贻笑大方。我原本也想算上勇敢，勇敢可是我们英国人与生俱来的素质。但是大家近来时常谈到一些发生在海上的事情，我们的祖先对此一无所知，因此想到这些事情，我觉得有必要说一说。人们的勇气很容易被放荡磨灭，倘若对真实名誉爱好的心思受到了放浪行为的损害，那么勇气也就很难维持下去。

世界上的所有国家，不管多么骁勇善战，只要全国都习惯了腐败，那么纪律的束缚就会被消磨掉。万一遇到猖狂邪恶、肆意妄为等恶习的腐蚀，它再想要通过武力来保持名誉，或者跟邻国炫耀，那是根本不可能的。

如何培养孩子的品德

教育上有价值又很难做到的那一部分就是培养品德。这里强调的是真正的品德，不是任何一种手段，也并不是冒失粗鲁的行为。要把品德放在首位，任何其他的成就及需要考虑的事情都应退后，为它让步。

真实的善非品德莫属。有关品德，老师不应只做谈论与劝导，他应该凭借教育时的工作与方法，让品德在儿童心中牢牢扎根，一直到儿童能够对品德产生真正的喜好，能够把品德凌驾于他的快乐、能力和荣誉之上的时候为止。

一个人品德越高，也就越容易取得一切别的成就。所有能够做到尊重品德的人，他们不会用倔强或者执拗的态度去对待适合自己的事。因此我的建议是，儿童应该留在家中，待在父母眼前，去接受优秀老师的教导，如果有办法做到，并且能够恰当运用，这就是最安全也是最好的方法，我们用这样的方法能够完成教育的最重要目标。

在绅士们的家庭当中应该有各种各样的朋友，他们应让后辈去习惯所有的生面孔，当后辈能够与那些有教养、有学识的客人交际时，就可以让他们去社交了。

我深信，与其把孩子送到外面学习，父母不如让孩子在家中接受教育，这样与孩子相处的机会也就更多，父母能够时不时地给予他应有的勉励，他就会减少受到外界不良因素的影响。不过到底要怎么决定，还是交由父母结合他们的环境与条件来仔细考虑。

只是我觉得，倘若父母怕麻烦，连自己的孩子都不去教育，那可真是最糟糕的治家方式。要知道，不管他处境如何，他对后代最好的给予就是亲自教育。

不过，倘若还是有人认为在家庭教育中同伴太少，而普通的学校教育对于培养小绅士来说又不太适合，那么也许将来人们能想出办法来解决这两方面的弊端。

同伴会带来很大的影响，我们每一个人都喜欢去模仿别人，儿童更是如此。我现在要提醒做父母的，你若是希望你的孩子能够对你和你的命令做到尊重，那么你便应该给予你的孩子尊重。你觉得后生可畏，那么在他的面前，你不愿他模仿的事，你自己也绝对不要做。如果一件事，你觉得他不该做，做了就是犯错误，但是你却不小心做了，那么他必然会以你为模板，拿你当例子，这样一来你要是再想用适合的方式去纠正他的错误可就难了。

倘若他因为做了某件事而受到了你的惩罚，但这件事他看到你曾经做过，那么他不会明白你的初衷是爱护他，希望他改正。他必然会觉得你作为家长可以享受自由、快乐，却专横地不允许孩子去追求自由与快乐，你不过是仗着家长的身份在蛮横不讲理。

也许你认为年长的人有随意的特权，但孩子并不这么觉得，你这么想的话，你的所作所为反而对孩子会有更大的吸引力，他会格外想去那么做。儿童对成年人的模仿远比我们所猜测的要早，这点你要时刻记得。

儿童喜欢穿短裤，不是因为短裤穿着舒适或者款式好看，而是因为在他们看来，短裤是一种象征，穿上短裤意味着步入了成人时期。

我在此所提及的父母对子女的态度，其范围应该扩大，所有负责管理儿童或者受到儿童尊敬的人都应该这么做。

Chapter 3 /

如何对孩子进行正面管教

优秀的
父母

正面管教

一般的教育方式对于上述观点并不重视，也没有重视的能力。使用教鞭来作为纪律的约束，那是简单粗暴的，既忽视儿童情绪，也会让儿童丧失对其他事物产生兴趣的好机会。

在责打与暴力的压迫之下，儿童已经开始厌恶要求他做的事。这时，我们却又妄想儿童能够主动停止游戏，愉快地去自主学习，这未免太可笑了。事实上，只要妥善处理，那么学习之后可以用游戏来消磨时间，而游戏之后自然也可以学习所有该学的事情用来打发时间。

这两者所耗费的辛苦是相同的。儿童不怕辛苦，他们本就喜欢做事，自然也希望做的事有所变化和调整。那些被我们称作游戏的事情，儿童是自愿去做的，这是他们的优势，他们愿意为此辛苦（你要知道，他们在游戏时可从来不会偷懒）。至于学习，儿童却是在命令、强迫、驱使下去做的，是强行加在他们身上的。儿童渴望自由，这对他们来说，无异于迎头痛击。他们的请教对象经常是一起游戏的朋友，你应当让他们去跟老师请教，以此来代替老师命令他们学习，这样，他们便会觉得这与做其他的事情没有什么不同，他们是自愿学习的，对他们来说学习与各种游戏也就没有什么不同，他们自然会高高兴兴地去学习。

如果这种方法能够运用得当，那么不管你希望他学习什么，你都能有办法引起他的兴趣。我承认最年长的那个孩子是最难应对的，不过只要他被你引入正轨，有了他的示范，其他孩子你就可以随意去引导了。

对儿童来说，最适合学习的时机就是他们兴趣高、愿意去做的时候。这点毋庸置疑，他们那个时候精神不懈怠，心思也不会关注别的，他们不会觉得不舒服与厌恶。然而还需注意两件事情。

第一，倘若你没有利用这种机会，或者这种机会本就很少，你应想办法改善这种局面，而不是放任他懒散成习，总是对什么都不感兴趣。

第二，就算他因为不高兴，或者心里关注的并非他在学的东西，导致他学不好，那么我们也应该养成他自主的能力，这样即使他正起劲地在做某件事，但是如果决定让他停下，他便能停下，然后能够痛痛快快地去做别的事情。别人要求他去做什么，只要理智对此有了意识，他就能挣脱懒惰，认真去做。这是一件值得我们努力的、很重要的事。

你可以让他们尝试去做。在他们懒惰，什么事都不想做的时候，或者在他们心思放在其他事上时，你可以把一件事指定给他们，要他们认真去做。倘若用这种方式，他习惯了做自己的主宰，在必要的时候他能够把原先在做的或者心里惦记的事情放到一旁，去做一件他不怎么感兴趣的新事情，并且对此没有不情愿，那么这可比让儿童去学习逻辑学或者拉丁文之类要更有好处。

活泼好动是儿童的天性，只要有事可做他们就很开心，对于具体做什么他们并不介意。如果对于不同的事所给予的鼓励与阻碍都差不多，那么在他们看来，跳房子与跳舞并没有什么不同。

把学习的事情当作任务，命令他们去学，对他们斥责、羞辱，让他们学得小心翼翼，或者他们原本愿意去做，但让他们做得时间太长了，让他们感到非常疲惫，会成为他们在学习时面临的巨大阻碍，这是对他们极为重视的固有自由的严重侵犯。

正是因为自由，他们才会对日常的游戏有真正的喜爱。如果没有自由，你便会发现，他们很快就会去做别的事情了。

他们在看到自身所尊重的，他们自以为比不上的榜样时，也会很快改变自己的做法。倘若他们察觉那些年纪大、地位高的人享有特权，那么他们就会想要和那些地位高的人享有一样的待遇，他们想要上进，在这些心思和野心的促使下，他们会去工作，会认真地、愉快地前进。这份愉快是由他们自身的欲望发动起来的，他们获得了热爱的自由，对他们来说，这就是一种很好的激励。如果在名誉方面能再给予他们满足，那么那些促使他们用功的体罚的方式也就派不上多少用场了。

一开始都需要一些耐心、技巧，要给予足够的温和与关注，小心谨慎才能达到这一目的。若非如此，你又何须找一位老师呢？只要能做到这点，就比体罚的情形要好得多。只要没有坏榜样在儿童的眼前，我想这并不难做到。

当然，儿童受到责打的情况毕竟是少数，斥责，特别是盛怒之下的斥骂倒是有些多。这样的结果同样也是不好的。父母在孩子心中的威信因此降低，同时孩子对父母的尊敬度也被削减。

儿童在很小的时候就能区分理性与愤怒，他们对出于理性的事必然尊重，同时他们对愤怒很快就忽视，就算他们一时会受到愤怒的威慑，但是这种威慑的力量很快就会消散，他们自然不在意这种丧失理性、虚张声势的行为。

父母只有在儿童做了邪恶的事之时（在他们年纪很小的时候很少见）才可以惩罚他们。倘若他们犯了错，只要用目光示意他们，他们就能改过来。如果有时候不得不批评几句，那么批评时的语气也应严肃又不失和蔼，说清楚他们犯下的错误到底哪里不对或者为什么不对即可，绝对不要急着骂他们几句就结束了，这样他会分不清你生气的原因究竟是因为他自身，还是因为他犯的错。

盛怒之下的斥骂不可避免地会带上一些粗俗的字眼，这无疑又带来一个坏结果，儿童也就跟着学会了那些字眼，而且他们认为自己是可以这么说的，因为父母和师长都这么做。这对他们来说是很好的例子，他们自然也就不会有什么顾虑和羞耻。

看到这里，有人也许会对我提出抗议：儿童犯了错，既不让打也不让骂，那还能用什么法子呢？不打不骂，不就是让束缚所有混乱的缰绳放松了吗？实际上我们只要能够一直对儿童的心理采用正确的方法去进行训练，按照之前提到的情形来做，让儿童对父母有敬畏之心，那么事情也就不会到这一步。

我们经过持续的观察便会发现，倘若儿童受到责打的时候，他们畏惧的只是责打带来的痛苦，那么责打并不会有什么好处，因为痛苦很快就消失，儿童也会忘记对痛苦的记忆。不过有一种儿童的过错我认为是应该用责打来惩罚的，也只有这一种过错，即顽固，也可以说是反抗。

遇到这种情况，我建议惩罚的最主要部分不是责打所带来的痛苦，而是它所带来的尽可能多的羞辱。只有让他们因为犯了错和挨打产生羞耻心，这才是在道德上真正的惩罚。儿童如果并不因为挨打感到羞愧，那么责打所带来的痛苦很快就会消失，很快就会被儿童抛之脑后，责打自然也就没什么可怕了。

我认识一个上流社会的人，他的孩子最害怕的是被人脱掉鞋子，就如同其他孩子惧怕责打那般。我感觉脱掉鞋子这种惩罚方式要比责打更好。倘若你希望他们能够真正做到性情磊落，那么他们应该畏惧的是犯错后带来的耻辱，而不是痛苦，他们应以犯错为耻。

然而某些顽固与反抗只能用责打和暴力来驯服，除此以外再没有其他办法。不管是什么事情，只要你已经命令他去做，或者命令他不要做，你就必须让他服从，不允许他求饶，更不允许他反抗。

倘若他反抗你的命令，那就会演变成你们较量、分胜负的局面，而到了那个时候你就非赢不可。倘若用眼神示意过，或者已经命令过，但还是没有效果，那么你就可以不必顾惜地使用责打了。当然如果你以后想按照你孩子的意愿来生活，那么你也可以不这么做。

我认识一位母亲，她素来和蔼可亲。一天早上，为了让刚从保姆那里回来的小女儿服从一点最无关紧要、最容易的事情，她便将小女儿一连打了八次，这才制服了她的倔强。倘若她早一点停手，她打到第七次后就再不打了，那么孩子就被毁了，她没有打到底，只会让孩子徒增傲气，以后再想矫正就很难了。

幸好她很聪明地坚持到底了，一直坚持到女儿打从心底屈服，变得顺服，也就是说她实现了这种责打与惩罚的唯一目的。她的威信在女儿的心中一下子就树立起来了，以后不管再遇到什么事，她的女儿对她都会立刻服从。我相信这是这位母亲第一次也是最后一次责打她的女儿。

儿童第一次受到责打惩罚的时候，如果目的没有完全达到，那就不可以停止，而且还要加大力度，它首先应该要使儿童打从心里服从，先把父母的威信树立好，之后再使用严肃又不失和蔼的办法，将做父母的威信一直保持下去。

通过这个例子我是想说，这个道理人们如果能够好好想想，那么他们相对不会乱使用责打了。责打并不是他们所以为的那种安全的、万能的灵药。

责打如果没有带来好的结果，那么它便会带来严重的危害。责打如果没有触碰到儿童的内心，没有使儿童变得意志柔和，那么它只会使犯错的儿童变得更加顽固起来。不管他遭受了多少痛苦，这种痛苦反而会助长他顽固的脾气。他因为这种脾气赢了这次，那么他就会想要再去分个高下，以后还想取胜。

我相信原本许多人本是可以做到性格温和的，但因为惩罚不当，他们反而被养成了倔性子。在惩罚儿童的时候，你如果对他大发雷霆，表现得好像只是在抨击指责他以前所犯的过错一般，那么尽管你的初衷是想让他改过，但他怎么可能会在这种方式下去改正呢？

倘若儿童不是故意犯错，也没有犯倔，那么严厉的责打也就根本用不上。那些他们因为疏忽善忘，粗心大意，或者意志力薄弱所犯的错误，只需要使用严肃的或者和蔼的告诫就能使他们改正，他们需要凭借的外力仅此而已。

但是只要意识里有倔强的因素在，只要是一种刻意的反抗，那么就不能按照他所犯的错误大小来确定惩罚的力度，而是要看对于父母的命令，他的不服从、不尊重到底达到何等程度。

对于父母的命令必须严格执行，不然的话就继续使用责打，直到责打能够在他的心中起到作用，直到他真的感到羞耻、悔过，并且主动表示服从为止。

我认为这并不是命令儿童去做事，他们如果不做，或者做得让我们不满意，我们就对他们施加一顿责打，之后就没事了的。在做出这种惩罚之前，必须小心观察，对儿童的脾性仔细考察，对他们犯下的过错好好权衡。与将手中常握的教鞭当作管教儿童的唯一方法相比，这种方法难道不是要更好些吗？

儿童只要犯了一点点小错误，就不管不顾地对他施加责打，除此之外难道就没有其他的法子了吗？倘若一个性情温顺、勤奋努力的儿童，他写诗有那么一两个字用错了，查字典找错了索引，便用残酷的责打来对待他，这简直和对待那些故意做错事的顽劣孩子一样，又怎么可能会在他的心中产生好的影响，又怎么可能让他走入正途呢？孩子在心理上步入正途以后，其余你所期待的一切都会随之而来。这样的观点才应该成为我们的追求。

儿童的意识方向错了，如果没有纠正的必要，那么自然也就用不上责打。而其他一切过错，如果心理正常，对父母或者老师的管教与威信没有威胁，那么也就只是一般的过错而已，可以不用理会。如果一定要理会，那么使用温和的方式去对儿童进行劝告、指点、教诲即可。当然如果他们是因为倔强才不服从，则不在此列。

然而只要出现顽固的情况，即他反抗时，我们对此便不能无视，不能装作无所谓。而是在它刚出现的时候就应予以控制与克服。不过前提是，我们要注意别搞错了，对它当真是顽固还是别的东西要做出准确的判断。

我所说的敬畏之心，儿童如果能够具有的话，那么大多数的情况下，只要给他们点眼色就足以让他们明白了。年幼的孩子不大可能与年长的人做一样的举止，比如一样的严肃或刻苦。我之前有说过，一切稚嫩的和天真的行为，只要与他们的年纪相符合，就都是可以的，我们大可不必理会。

做事疏忽大意和喜欢玩乐，这本就是儿童的天性。不应使用我所提及的那些严厉方式去约束这种天性。况且儿童的年纪或者性情所自然而然的流露也不能突然被看作是顽固不化或者故意反抗。

对待儿童的这类错误，我们应视儿童为天然的弱者，他们需要我们的帮助，需要在我们的帮助下去改正。倘若提醒过后，那种缺点还是会再次出现，也不能认为完全都是孩子疏忽的缘故，而立刻像对待顽固的孩子那般去对待他们。

虽然能忽视意志薄弱所带来的过错，但是只要这种过错不是故意的，那就不能过于严厉地责骂，尽可能使用符合他们年龄阶段的、温和的方式来将其改正。儿童由此就会明白，在所有的过错中令人厌恶的关键点到底是什么，以后他们就会尝试去避免那个关键点。这对他们能够保持一种正确的意识也是一种鼓励，他们能够明白，如果保持正确的意识，他们就不会遭受任何重大的不幸，他们来自天性的那些缺点得到的都会是父母、老师的帮助与关怀，而不会是来自父母与老师的怒火。

不要让儿童与恶习接近，不要让儿童养成坏脾性。在不同的年龄阶段，儿童的行为自然是与其当时的年纪以及其常往来的伙伴相适的。随着年龄的增长，他们也会愈发地认真刻苦。为了确保你说的话一直有威信与力量，一旦你命令他停止一切幼稚的行为，那么你就必须要他按照你的要求做，不能让他占上风。不过我始终认为，如果儿童的行为没有染上恶习的倾向，那么对于这种种方面，做父母的最好尽量少行使权力，少下达命令。除此以外，我觉得还有一个可以制服它们的更好的办法，那就是只要你能使孩子从根本上对你的意志遵从，那么多数情况下，温和、有理地劝说显然会有更好的效果。

也许大家听到我说对待儿童也要讲道理时会感到意外，但在我看来这才是对待儿童应该采用的一种正确的方法。儿童早在能听懂话的时候就已经明白道理了。倘若我的观察没有问题的话，在很早以前，在远比人们能想到的年纪还要早的时候，儿童就希望能够被人视为是有理性的。

他们这种自尊心应该被鼓励，我们应该尽可能地利用他们这种心态，以此来作为引导儿童的最有效的工具。

然而我所谓的说理，不可以超过儿童的理解力与能力的范围。人们都知道不能像和成人去做辩论一样来对待一个3岁或者7岁的孩子。冗长的说教和带有哲学色彩的辩论，并不能给予儿童教导，最多也就只能令他们感到迷惑与惊奇。

所谓像对待理性动物一样对待儿童，在我看来应该是，你要举止温和，就算是在惩罚他们，也要保持态度冷静，让他们觉得你这么做是正确的、必要的，对他们是有好处的；你要让他们觉得，你并不是因为随意或者妄想才命令或者禁止他们去做某些事。这些道理儿童是能明白的。

我认为，不管是应该恪守的品德还是应该改正的过错，都可以用道理来说服他们，不过所讲的道理要契合他们的年纪，应该是他们能够理解的，同时要做到言简意赅。对于错误的根源以及责任的归属，成年人尚且不习惯从世俗的看法中厘清自己思想的头绪，儿童对那些空泛的理论自然更是无法理解的。

儿童是不可能被冗长的道理打动的。倘若想要用道理来打动他们，那必须是通俗直白的道理，必须与他们的思想水平契合，并且能够被儿童感觉到和接触到才可以。当他们犯了任何需要注意的过错，如果没有其他可以利用的、特别的动力，那么你只要使他们明白，那种过错会令他们被人嘲笑，受到羞辱，失去你的关爱，他们就会理解，并且有能力去遏止那种错误。

那些儿童应该做的或者不可以做的事情，可以给儿童找个榜样摆在他们眼前，在众多对儿童进行教导以及培养儿童礼貌的方法中，这无疑是最简单可行且有效的。你如果以儿童熟悉的人作为榜样，并且讲清楚他们好或不好的原因，那么这比任何说教都更能吸引或者更能阻止儿童去模仿。与其在口头上开导他们，想要让他们明白什么是品德，什么是邪恶，倒不如让他们去看看别人的行为，并从中引导他们去观察那些行为各自的优缺点。通过观察榜样这种方式，儿童能够更清楚地认识到什么是有礼貌的美好，什么是没有礼貌的丑陋，并且会留下更为深刻的印象。其他任何教导或者规则都做不到这点。

不仅在儿童年幼的时候可以采用这种方法，只要他们还需要别人的管教或者指导，那么就可以继续使用这个方法。此外，我认为只要家长觉得合适，那么无论何时，他都可以将其视为能够改正孩子任何问题的一个最好的办法，能够温和而又深刻地打入人们心底的事情也就只有榜样了。

也许大家会有疑问，作为最后的矫正手段，当不得不使用责打的时候，那么究竟应该在何时使用？要不要在儿童犯错后，过错就在眼前，立刻趁热打铁地打孩子以及父母到底要不要亲自打孩子？

对于这些疑问，我怕家长感情用事，不建议在犯错的时候立刻执行。如果你感情用事，责打使用过度，那么你还是不能恰到好处地发挥出它应有的效果。因为儿童能够判断出我们的行为是否感情用事。之前我就说过，父母做的事只要是从理智出发，那么就能够发挥出最强的力量，儿童对于这两者的区别是能够分辨出来的。

我再次强调，在所有惩罚儿童的方法中，责打无疑是最糟糕的一种，因此不到最后关头不要使用，也只有极为特殊的情况下，所有温和的方式都尝试过，并且都不好用的时候才能使用责打。实际上，如果温和的方法能够使用得当，也基本用不上责打。儿童可能偶尔公然违背父母的命令，但也不是经常性的。对于儿童那些幼稚的或者无足轻重的天真行为，对于要求儿童学习与进步，父母用不着通过严厉的规则来行使他的绝对权力去干涉，因为那些自由本就是儿童应该享有的，而学习与进步也根本无须强迫。

除此以外，应该严格禁止的只有邪恶的行为，在此，儿童可能因为顽固不化才会受到责打。一个人如果考虑周到，能够对儿童实行正确的教育，责打也就基本用不到了。然而在儿童7岁以前，如果不是说谎，也不是一些坏的恶作剧，那么还会有什么恶习是在被父母禁止后，竟然还敢再三重犯，被看作是顽固不化，乃至需要受到责打惩罚的呢？

倘若你对儿童流露出来的任何邪恶的倾向都能做出正确处理，在恶习刚一出现时，你就表现出惊愕，如果再出现，那么父母、老师，以及周围所有亲近的人，就都要严厉地对待他，必须让他明白自己的过错，并且为此感到羞愧为止。我认为这样做的话，也就用不上其他的惩罚，也就没有机会使用责打。

之所以不得不使用责打，往往是因为疏于管教或者过于纵容的结果。如果一开始就注意到邪恶的倾向，在他们刚一不规矩的时候，就立刻使用温和的方法来对他们进行纠正，那么新的问题也就不会层出不穷。我们那时也不必使用粗暴的责打，无须吵闹，很容易就能将它改正过来。就这样一个个将它们全部铲除，不留下一点儿痕迹，也不留下一点儿与此有关的记忆。反之，如果对自己的小宝贝一味纵容，任由他们的错误像野草般滋生疯长，等到了根深蒂固，已经蔓延开来的时候，到了我们自己见了也感到羞愧难当之时，才不得不决定去锄掉那些野草，那时锄头如果想要碰到错误的根基，那么就必须深入土中不可。而地上已经野草横生，就算我们把力气用尽，把功夫全都用在这上面，也很难将那些污秽清除干净，即使我们这么辛苦，也很难收获好的果实。

如果能够好好遵守这种原则，那么亲子双方就都可以摆脱那些沉重的训诫，不再会被要这样做以及不要那样做的规则麻烦到。我认为，那些应该被干预的偏向邪恶习惯的行为，在儿童触犯以前，用不着全部禁止。不合时宜的禁止，就算不曾带来更糟的结果，至少也是在告诉儿童，让他们认为自己会做出这些行为。实际上，如果儿童对这些错误根本不清楚的话，才会更安全些。我已经说过阻止这种错误的最好的办法，即在他刚出现具有这种邪恶倾向的举动时，应立刻对他的行为表示惊愕。比如他第一次说谎的时候，或者他初次做出什么坏的恶作剧时，最初的解决办法应该是视其为一件恐怖惊讶的事，告诉他没想到这种事他竟然会做，从而让他羞于再做出这种行为。

看到这里，一定有人表示反对。不管在我看来儿童是多么容易教导，羞耻与称赞的温和方式用起来是多么有效，他还是会认为，如果没有了责打的驱使，还是有许多儿童不肯自主读书，不会主动去学习应该掌握的事物。我猜测，这种情况恐怕只会发生在文法学校的常规语言教学中，老师们明明可以找到其他的方法却从来没有尝试过。不然的话，为什么儿童需要教鞭的驱策才肯去学习希腊语与拉丁语，而学习意大利语和法语却不用呢？不管是学习跳舞、击剑，还是学习数学、画画，儿童自己就很努力，完全不用责打。

这就不得不让人怀疑，是否因为文法学校里教的东西或者采用的教学方式与儿童的年龄特性不相符，才导致儿童必须在责打下才肯去学习。而且就算有责打的驱策，儿童也是勉强自己去学习的，儿童离开了责打就不肯学习的说法本就是错误的。

即便有些儿童真的懒惰，或者没有意识，使用我所提议的温和的方法也不能促使他们去学习（我们要承认，世界上的儿童有着各种脾性），但也不能就这么断定所有的儿童都必须用责打这种粗暴的方法去管教才可以。

此外，在还不曾彻底执行相对温和的方法之前，我们也不能随便就做结论，断言不能使用相对温和的方法去管教某个儿童。倘若温和的方法当真不能使儿童努力去做自己力所能及的事情，那么我们也不能原谅这种顽固的儿童。

倘若这种惩罚方式在符合条件的情况下执行过几次，且每次都是严格执行，同时父母一直明确表现出生气的样子，但仍旧不能起到作用，不能使孩子的心理有所改变，不能使他以后变得顺从，那么责打的用处在哪里？我们还有再责打的必要吗？

责打如果不能带来好的影响，那它就不再是一位心怀怜悯的家长发出的好意，而是来自一个敌人的怨愤。这种惩罚只会让儿童愤怒，而不会有一丁点改正的想法。倘若父母很不幸有这么一个顽固倔强的孩子，那么我除了祝福他外也再没有其他办法可想。

选个好老师

倘若你能找到这样一位老师，他能以父母的身份自居，能够承担起做父母应尽的责任，并且愿意付出努力去执行，那么他便会发现他的工作是很轻松的。同时我相信在学习与礼仪这两方面，你的孩子必然都能够在短期内就取得出乎意料的成就。

不过，无论什么时候，老师都不可以打你的孩子，除非他获得了你的授意。但这种授意至少也要等你有了经验，彻底了解了老师的脾性，确定他是一个谨慎仔细的人之后才可以。不过，为了确保老师威信的树立，你要对孩子保守他无权行使责打的秘密。而且不光你自己要对老师非常尊重，也要让全家人对他同样尊重。父母或者别人都不尊重他的话，你也就不必够期望你的孩子能够尊重他。

倘若你觉得某位老师应该受到轻视，那么就说明你选择的人不对。你但凡对他流露出一丝轻视，他必然会受到你孩子的轻视。这样一来，不管老师自身的价值有多大，不管老师的职业能力有多强，在儿童的心中一切都算不得什么，他也就无法为儿童提供帮助了。

为了教育儿童尊重老师，父母应以身作则，同理，为了让儿童去做老师希望做的事情，老师也应以身作则。如果不是故意想让儿童学坏，那么老师的行为万不可违背自己的准则；如果老师自己就任性恣意，那么他想要教育儿童学会控制自身感情不过是白费功夫；如果老师自身举止无礼、行为不端，那么儿童也会有一样的行为，并且无法纠正。

比起好的规则来，坏榜样更容易影响儿童，因此他应时刻留意，不让儿童接近坏榜样。但不能使用强迫的方式禁止儿童这样做，应该使用我所提到过的其他方法，因为儿童会因为禁止而更想与他们接近。

现在我要说的恐怕是整个教育工作中最难见到，也最难严格遵守的事情，即在儿童刚开始说话的时候，他的身边就要有个冷静、谨慎、聪明的人，由他来负责将儿童引入正途，不让儿童与一切坏事有接触，特别是不让他受到坏榜样的影响。我认为这种人需要具有耐心、冷静、温柔、勤恳等品德，然而很难用普通的薪酬聘请到具有这些品德的人，而且也很难寻找到这种人。至于费用这方面，我倒觉得这是花在儿童身上最值得的一份。因此，就算比通常要花得多一些，也不算贵。花这点钱就能让自己的后辈心地善良，能让他们养成良好的礼貌与教养，让他们有品德、有本领，与用这笔钱去采买田地相比，显然要划算得多。你尽可以节省诸如玩具、丝绸、缎带、花边刺绣等各种无用的消费，但这种必备的开销是绝对不可以省的。

让后辈享有丰富的财产，却精神贫瘠，这可不是什么好的治家方法。我常看到有人挥金如土，他的后辈也是穿华服、住豪宅、吃美味，但他们在精神上却是贫苦的，他们的无知以及本性中赤裸裸的错误倾向无疑是最丢脸的，可他们却毫不遮掩，对此我真是惊诧无比。我认为这只是为了满足自身的虚荣心，他们的目的是炫耀自我，而不是真的为了自己的后辈考虑。

你所做的一切事情，只要是为了让孩子在精神上获得好处，那就都是你对他真正关爱的体现，就算你给他的财产减少了，那也无妨。一个善良聪明的人，他在现实中以及在别人心中通常都是幸福的、伟大的。一个邪恶蠢笨的人，不管你给他留下了多少财产，他依旧是不幸的、卑微的。

因此，对能够承担得起这部分费用的人来说，金钱算不上阻碍，去哪里找一个适合的老师才是最大的困难。因为这种工作，不适合年龄小、能力低、品德不够的人来担任，然而又很难请到那些年龄适合、能力足够、品德较好的人。世上有各色各样的人，因此你要尽早到处寻找。

我记得，蒙田曾在他的文章里说过这么一件事，为了解决饥饿的窘况，卡斯特利奥这个博学的人只好去巴塞尔做制作木餐具的工作。蒙田的父母正想聘请这样的人来给他的孩子做老师，花多少钱也在所不惜，遗憾的是他们联系不上他，不然的话，卡斯特利奥必然愿意以非常合理的要求来接受这份工作。

倘若你很难遇到我们期望的这种老师，也无须奇怪。我只能建议你，这样的老师，你要想方设法去寻找，不要怕麻烦，不要想着省钱。所有的事物都是这样才能获得的。我可以对你保证，倘若你真的能够找到一位优秀的老师，那么你为此所花费的金钱是绝不会让你后悔的，这笔钱必会被你一直视为你所有花销中最值的部分。

然而你请老师的时候不能一味想着与之建立友谊，不能当成做好事，也不能轻信夸大的介绍。况且，倘若按照你应该做的来看，一个人如果只是声望好，学识丰富（对于一个老师的要求通常也就是这些），那么他代替你来做事的资格还不够。

你要像给孩子挑选配偶一样来重视给他选择老师这件事。你不应抱着试试看的心态，打算不合适再去更换。这种试一试的心态不光对你自己不好，对你的孩子更是不好。我在此反复强调的，一直都是要你行事谨慎，这看起来好像我在一直劝你努力去做一件事，而这件事我一直想做却没做成。

实际上大部分老师都是不称职的，而普通人对于老师的职责又大多不清楚，包括想做老师的人，他自己其实也不明白。只要想到这种情况，也许大家就和我有同样的感觉了，就会认为，想要寻找到适合对小绅士进行教育以及培养出小绅士意识的人可不容易，对于这种人的选择必须格外慎重，否则你不可能实现你的目标。

在前文我提到过，所有人都希望做老师的能够作风严谨、学识渊博，往往认为老师做到这些就可以了，而父母追求的通常也就是这些而已。这样的一个人，他会把自己在大学里学会的所有知识诸如拉丁文、逻辑等，全都灌输给他的学生，可是他的学生难道就会因此成为一名优雅的绅士吗？与年轻的老师相比，难道学生会更具备真正的品德与胸襟开阔的基础吗？难道会对礼仪更娴熟，对世事更通晓吗？

老师自身必须具备良好的教养，不管在何时何地，不管遇到何人，都能够举止得当、有礼貌，只有这样他才有能力将一名儿童培养成他所希望的模样，同时他还要在学生一定年龄阶段，尽可能令学生做到一直遵守。这种技巧不是从书本上学到的，也不是被教会的，只有与实践相结合才能学会。

裁缝也许能够把儿童的衣服做得很时尚，舞蹈老师也许能够把儿童的动作教得很优雅，儿童固然因为这些能显得很得体，但却并不能因此成为一个教养良好的绅士。哪怕他还有学识也是不够的，他在与别人交往的时候，弄不好就会因为学识而显得更无礼，也更令人难以忍受。

礼仪是添加在一个人其他美德上的一种素养，对他来说是有利的，能够使他得到周围人的好感与尊重。倘若没有好的礼仪，那么别人看来，余下的一切都只不过是自负、骄傲、愚笨或者无用。

一个不讲礼仪的人，就算有了胆量，那么这种胆量会带有粗蛮的色彩，别人也必然觉得他粗蛮。同理，学问就成了迂腐，才华就显得滑稽，直率就成了粗鲁，温和就成了奉承。如果缺了礼仪，那么不管是哪一种美德似乎都会变样。哪怕品德和才华各自获得了差不多的夸赞，但还是不能让孩子受人欢迎，不能让他被别人看重。这对他是不利的。

没有人喜欢未经雕琢的玉石，这种玉石即使佩戴也没有意义。然而只要经过雕琢，再加以装饰点缀，它们便会绽放光彩。美德固然是精神上的珍宝，但让它们绽放光彩的却是良好的礼仪。

一个受人欢迎的人，他的动作光有力量可是不行的，还要优美才可以，不然就算有效果也不会理想。对待任何事，态度和方法都必须优雅，这样看起来才漂亮，才能获得别人的欢迎。

在大多数时候，做事的态度比要做的事还要重要，别人感到满意还是讨厌，也都是基于态度问题。这个态度并非只是见人就要打招呼，而是指对于对方的人品应好生斟酌，结合当时的情况，自己所有的言谈、神色、举止、姿态、身份等务必确保全部都是合适的、闲适自在的。

这不是儿童的能力可以做到的，只有通过习惯与应用才能学会。虽不应让年幼的孩子为此烦恼，但也应尽早着手培养。当他还在受老师教导，还没有自己走入社会的时候，就应该学得差不多，如果习惯了一些小事情上无礼的行为，等到了那时再想去纠正往往就太迟了。想要举止优雅得体，就先要熟练动作，就像是那些技艺精湛的音乐家，他们无须思索，指尖所触，无不成调。

倘若一个人在与别人相处的时候，他的心中一直在提防对方的某些行为，那么就会表现出不够自然、不够优雅，勉强的样子无法与行为一致。

礼仪方面的错误，尽管别人在一开始就会注意到，但犯错的人是最后才知道的，因此这方面最需要交给老师来亲手教授与培养。对于这种错误，一般人极喜欢做出批评，而犯错误的人往往听不到他们的批评，他无法从别人的评价那里获得帮助，无法通过别人的指责来自我改进。

其实，这点本就很难说，哪怕是朋友，也不敢直言希望对方改正错误，不敢对自己亲爱的朋友说他们在礼仪上犯了错。如果是别的错误，人们还可以彬彬有礼地告诉对方，让别人改正其他错误是无损礼貌与友谊的，只有礼仪方面的过错，连提都没法提，就算暗示对方没有礼仪，这都是与自身良好的礼仪不相符的。

只有对他有管教权的人才能告诉他这种事。而对于一个成年人来说，哪怕是有权教导他们的人也很难启齿，哪怕说出口了也不顺耳。听了别人的批评，不管对方措辞如何婉转，刚进入社会的人还是会感到不高兴的。

因此这点必须交给老师来重点教导，在儿童离开他以前，他应尽力将儿童的言行举止培养得优雅礼貌，确保他以后如果没有时间、没有心情去接受教导的时候，或者没有适合的人能教导他的时候，对于这件事，他可以不用别人劝诫。

所以首先，老师自身就要娴熟掌握礼仪。小绅士如果能从老师那里学到这种美德，那么他以后就能够收获很大的好处。仅凭这一点好处，他以后会有更宽的门路，能交到更多的朋友，能取得更高的造诣。这样带来的好处要远远超过他从高等文学或者百科全书中所学到的。那些字句以及知识并不应被忽视，但也不必把它们看得比礼仪还重要，也不可让它们挤掉礼仪的位置。

教师应具有的素养

老师不光要对礼仪娴熟，他还要熟知人情世故，他还应懂得对人们，尤其是本国人的轻浮、欺骗和过错等行为做出分辨。等学生到了能够理解这些事情的时候，他会告诉学生这些情况，他应当让学生学会人情练达，应该向学生揭示不同人的面具，让学生能够看清假面具下掩盖的真相，避免他成为那个没有经验的年轻人，倘若没有人在一旁提醒，他便只会以貌取人，不分黑白，只专注外表。没有别人劝诫，举止就不优雅，不到万不得已，绝不主动努力。

对于必须接近的人，他要知道去猜测他们的意图，知道去防备，对人不可过多怀疑，也不可过于轻信，这是老师应该对学生做的教导。然而儿童本性很容易走极端，老师应将这点改正过来。一些小事上往往最容易暴露人们的内心状况与真实面目，总有一些痕迹很容易就被人们发现，特别是当他们并没有心存提防、故意做作的时候。老师应该让学生尽量习惯从这种痕迹上来对别人做出正确的判断分析。

老师应该让学生熟悉并了解人世间的真实情况，不能把好人当成坏人，或者把坏人当成好人，也不能把聪明人当成傻瓜，或者把傻瓜当成聪明人。这样他便可以平平安安地长大成人，从孩子到成人，这是人生最要紧的一个关头，对此应格外当心。

儿童渡过这关要特别小心，不能让没有老师指导的孩子突然置身于社会中，一切全凭他自己，这样很容易导致堕落。离开了严格的管教之后，青年人往往很快就会变得放荡骄纵，为所欲为，这种例子比比皆是。之所以会有这样的情形，我认为主要是因为教育不得法，特别是在人情世故这方面。他们在成长的时候，完全不知道世间的真实情况，等步入社会后，他们才发现社会的真实情况与自己所想的和老师所教导的理想状况截然不同，他们那时必然会遇到“另外一种老师”，他们会被那种老师说服。那种老师会告诉他们，以前他们所受到的管教、所听到的训诫，全都只是一种教育上的形式，全都是用来约束儿童的。而成人则不同，成人享有自由，以前禁止他们去享受的一切事物，现在都可以尽情地去享受了。刚入社会没多久的青年在这种人的指引下去认识世界，他听到许多这种被扭曲了的说辞，到了这个时候青年也就会头晕目眩，失去自持。

与那些年龄相仿的纨绔子弟一样，我的孩子也想要证明自己是个成年人了，于是他也去过那种没规矩的放荡生活。他此前端庄谦顺，如今他丢掉了端庄谦顺的美德，以此来沽名钓誉，想要证明自己的男人气概，对于老师教给他的所有与品德有关的准则，他全部表示反对，他以为这么做就是有勇气的体现。

我认为想要预防这种危害，最好的方法就是在他还没有彻底置身社会之前，就告诉他社会的真实情况。他应被人逐渐告知那些普遍存在的邪恶之事，他应被善意地警告，他应知道世上有一种人只想毁掉他，他要知道对那种人的图谋有所防备。他应有人指导，以懂得那些人所设的陷阱、所用的手段；除此以外，世上还有许多可怜、可悲的人，他们出于某些缘故正在走向堕落，或者已经堕落了。可以把这些例子摆到他的眼前，让他引以为戒。让他看看原本前途大好的青年就这么堕落了，然后名誉扫地，困苦潦倒，疾病缠身，被人瞧不起。这样，他就会提高警惕了。他就会知道，那些本就对堕落青年看不上、不理睬的人，原来就是假装尊重他们、假装对他们友好、引诱他们堕落的人，而等他们快要走向堕落的时候，那些人也开始去欺侮他们。这样，无须花费太大的代价就能得到经验，他会知道那些人劝他放弃老师的严厉教导，放弃自己的理智，告诉他那是被管束，实际上那些人是为了控制他。他们让他相信自己是能做主的成年人了，让他以为自己是在追寻快乐，实际上他只是个孩子，却在他们的引诱下去做对他们最有利的坏事。这也是一种知识，应该由老师随时告诫学生，应该想尽一切办法，使他能够明白并且完全信服。

通常有一种说法，认为告诉一个儿童社会上的邪恶事情就相当于在教他那些事情。我承认，就实际情况来看，这是很正确的，因此才需要一个谨小慎微的学者，他应该既清楚社会的实际状况，又能够对学生的性格、弱点和倾向做出判断。

除此以外，还要明白一点，在如今这个时代（也许过去也是一样），想要让一个小绅士对邪恶的事情完全不了解，想要以此来避免他被传染恶习是根本不可能的。除非你一直把他关在密室里，一直不允许他与别人接触。然而他被这样蒙蔽久了，一旦他走入社会，那么他就会对此感到更糊涂，更容易成为自己的牺牲品，也更容易被别人当作牺牲品。

一个长大的孩子刚出社会要见见世面，他举止端庄，城里的所有鸟儿都会注意到他，一定都在叽叽喳喳地对他做讨论，而当中不乏一些凶狠的猛禽正准备朝他飞去。

对于人情世故能够彻底了解，这是步入社会的必备技能。一个绅士要在他的能力范围内逐步走入社会，并且要越早越好，这样一来就能够可靠地引导他学会练达。

场幕应当一点一点地展开，而他应一步一步地入场。对于他身边不同地位、不同气质、不同图谋和不同小团体的人会带给他的危险，也应予以指点。他会遭遇到一部分人的打击，同时也会得到另一部人的关怀，他对此应有所准备，谁会反对他、谁会欺骗他、谁会陷害他、谁会为他效力，他应提前知道。他应受到教育，能够认识并分辨他们，明白什么时候要表现自己，对于别人和别人的图谋与目的在什么时候应该装不知道。倘若他对于自己的本领和能力过于相信，想要去冒险，那么让他偶尔吃点苦头，受到一点挫折，只要对他的健康、清白或者名誉无损，也未尝不是一个教育他提高警惕的好办法。

这当中有大智慧，我认为这不是随便思考一番，或者多读些书就能获得的，这是一个人睁开眼睛在世上生活，与形形色色的人打过交道，经过观察，积累了经验的结果。因此我认为，它是最值得我们抓住一切机会去教给儿童的，这样以后他自己投入人海中，就不会迷失了方向，不会像那些丢了航海图、指南针，迷失了航线的航海家一样感到迷茫。他会提前就留意到浅滩、暗礁、流沙和急流在什么地方，而且他还会一些“驾驶的技能”，不至于在有收获前就遭受灭顶之灾。

但凡认为这种知识没有语言以及常见科学重要的人，他也特别需要一个老师。他忘记了如何对人做出正确的判断，与会说希腊语和拉丁语，或者与人得体辩论相比，让自己能够聪明地与别人相处的好处可是要大得多，这也比让后辈的头脑里装满深奥的物理学与玄学的理论要更有用。

对一名绅士来说，面对一个优秀的逍遥学派或者笛卡儿学派的学者，以及一个老练的罗马或者希腊的作家，成为后者要更好些。因为对于人类的观察与描写，那些古代作家显然做得很成功。只要去过亚洲东部的人，都能发现这样的一些人物，他们可能不具备上述的各种科学知识，然而他们有能力与人亲近。总之，一个没有品德、不通世故人情、缺乏礼仪，却又能有所成就，而且具有价值的人是哪里都找不到的。

对一个绅士而言，现在欧洲学校盛行的学问和教育理论，大部分都是没有必要的，没有这些学问，对他自身以及他的事业都没有什么妨碍。然而良好的礼仪和稳重自持却是人生中必不可少的。大部分儿童吃苦头都是因为缺少礼仪和不够持重。他们进入社会的时候，也是同样的缘故，由于和预期的情形不一样，他们显得拙劣和生疏。这种品德最应有人来教导，最应受到老师的帮助，可惜人们对此都不够重视，最多将其视为老师职责所在的一件小事而已，甚至还会认为这根本不是老师的分内之事。

人们呼声最多的只有拉丁语和学识，这些人们最看重的，希望孩子精通的，大部分都不是一名绅士应该掌握的。实际上一名绅士需要掌握的是与事业有关的知识，与他的地位相符合的言谈举止，同时他应该按照自己的身份，努力让自己成为国内的知名人士，或者成为一个对国家有帮助的人。

如果一个人有足够多的时间，或者经过老师的一番初步指导之后，他对于某一门学问还想继续深造研究，那么对于这门学问的一些基础知识，他既然已经掌握了，他以后便可以自己努力。他预期中的目标，或者他有能力去实现的目标，就会最大限度地实现。他如果遇到困难，希望能够在老师的帮助下克服那些困难，从而节省力气与时间，那么他会去寻找一个有真本领去解决那些困难的人，或者找一个他认为对他最有帮助的人。

对于儿童日常必须去学习的所有知识，教导学生去学习的话，老师具备普通本领就足够了。老师并非一定要是一个学识渊博的学者，对于小绅士只需要略知一二的科学知识，他不必彻底了解。一名绅士如果想要继续深造，想要更进一步学习，那么他以后只能凭借自己的天赋去努力，要知道世上那些学识渊博，在科学领域名声斐然的人，他们没有一个是在老师的教导下才取得这样的成就的。

老师的重要职责是：培养学生的风度，引导学生的心理；使学生能遵守品德与智慧的规则，养成好的习惯；逐步给学生展示社会的真实面貌，能够让学生喜欢那些优秀的以及被人称赞的行为，并且愿意去模仿这些行为；当看到学生有这些好的行为时，要给予他鼓励和支持。老师让学生努力刻苦，是为了锻炼他的能力，让他充分利用时间，避免他去偷懒，游手好闲，无所事事，并且希望他能够因此学会努力，习惯吃苦，希望他能够品尝到凭借自身努力所收获的果实。

没有人希望在老师的教导下，一名小绅士一定要成为有名气的演说家、逻辑家或者批评家，一定要去钻研有关数学、玄学或者自然哲学方面的高深知识，一定要成为历史学或者年代学方面的专家。这些学科的知识固然都应教给他，但这只是为了给他们打开一扇大门，让他们能够看到里面的情形，能够有一定的了解，并不是要他在那里长久停留。但是，良好的礼仪、品德、人情世故方面的学问、追求名誉的心思以及努力，这些对孩子来说，是永远也不嫌多的。倘若这些他都具备了，那么他不至于一直得不到他希望的或者他需要的东西。既然我们并不愿意学生的时间和精力全都用在学习知识上，那么我们便应该让他在最需要学习的事情上花费最大的精力。这世上，他最应该追求的就是他最常用也最需要用到的事物。

塞涅卡对他那个时代截然不同的做法就有过抱怨。但是他那个时候的情形和现在不一样。塞涅卡倘若生在现在这个时代，要是看到老师认为把学生的头脑塞满作业就是自己的最大任务，他不知会怎么想。对于他曾经说过的那句“我们并不是在教导他们生活，而只是在教授他们学问”，现在他一定更有理由这样说了。

现实的情况是：我们学习的目的不是为了生活，而是为了研究；我们受到了教育，却只能待在校园里，没有办法走入社会。不管是这件事，还是其他事，实际上都是一样的，风气只要养成了，自然会盛行，又有谁会觉得奇怪呢？还有那些因为这种风气而收获巨大利益的人，他们如果看到有人违背了风气，那么他们中大部分人就会立刻指责对方是异端邪说，这也就不足为奇了。

令人惊奇的是，那些有能力、有地位的人，他们居然也会在约定俗成的习惯及默认的信条中误入歧途。

他们但凡问问理智，理智就会告诉他们正确的做法，他们应该让后辈把时间都用在那些对他们成长有帮助的事情上，而不是拿一些无用知识去塞满他们的头脑，他们以后是永远没有机会用到那些无用知识的。倘若他们对这些东西有一点保留，反而对他们没有任何好处。

这种道理本该是大家都明白的，因此我希望那些花钱让孩子去学习这种知识的父母要好好思考一下，他们的孩子身上就带着这种教育步入社会，那岂不是让人觉得可笑？他们一旦在众目睽睽之下露出这种痕迹，岂不是失去了体面，显得很卑微？在最需要展现自身教养与才能的时候，人们（因不具备而）感到羞愧的东西，才是一种真正的令人艳羡的学识，才有价值被当作教育的一部分。

至于为什么说人情世故与礼仪方面的知识是一个老师最该具备的，还有一方面的理由，那就是一个上了年纪又有能力的人，尽管他自身对于科学的心得体会并不多，但是让他去指导学生深入学习是没有任何问题的。他可以在与此相关的书籍指导下去教导一个年轻的学生。但是倘若他在人情世故，特别是在礼仪上是个外行的话，那么对于人情世故以及礼仪，他是绝对没有办法让别人也能学会的。这是一个老师应随身具备的知识，他应结合交际去应用，并且参考优秀榜样的情况，然后经过长期的练习，让这种知识成为他自身的一部分。倘若这种知识是他自身不具备的，那么他也就没有办法给他的学生做指导。即使他能找到与此相关的书籍，上面对一个英国绅士应有的言谈举止有详细的描述，然而他自身如果没有好的教养，就会摧毁他所有的教导。与粗鲁的、缺少良好教养的伙伴为伍的人，他长大后也绝不可能成为一个优秀的人。

我这么说并不是能够随时遇到这种理想的老师，或者一般的薪酬就能聘请到这种老师。我的意思是，这件事情如此重要，有能力的人不要吝啬金钱，也不要怕费力寻找。那些没有能力承受较高费用的父母，他们在给孩子选择老师的时候务必要记得擦亮眼睛，要搞清楚什么才是最应注意的；如果孩子在他们身边，由他们自己照管，他们就要知道什么地方自己最应该注意，不要认为只有拉丁语、法语或者逻辑学与哲学才是要关注的事情。

管束不是一成不变的

现在继续来说我们的方法。尽管我曾说过，教育儿童主要是利用父母的威信，让儿童从小懂得敬畏。但我的意思并不是说，这种方法在他们受管教的时期内一直持续使用，不做任何改变。

我认为他们只要到了一定年纪，行事知道谨慎，行为又没有不端的时候，就可以立刻放松这种管教。等孩子长到了能和父母亲近的年纪，父母还应与他做亲切、深入的交谈，对于他知道或者多少有些了解的事物，父母甚至可以去和他商量，去征求他的看法。这么做的话，父母能够获得两种好处。

首先，这能够使孩子做出认真的思考，任何劝诫与准则都不能带给他这种好处。你如果尽早把他当作成人来对待，他就能越早长成一个成人。如果你有时能和他一起认真地交谈讨论，那么他的心灵便会在无形中被你滋养，他就不至于对青年人所偏好的普通娱乐沉迷，不至于在浪费精力的小事上花心思。现在许多年轻人因为父母对他们不看重，态度不亲近，导致他们的谈吐与思想总是像个小学生一样，这种现象很普遍。

父母从这种方法中获得的另一种好处则更大，即他的友谊。有许多父母，尽管他们对孩子的年龄与情况做了考虑，酌情对他们宽待，但是他们并不告诉孩子与自己的家产和心情相关的事，就像是不能对敌人或侦探泄露国家的秘密一般。这种态度就算不是出于恶意，但也不曾表现出父母对孩子应有的亲切与真诚，这无疑会导致孩子在与父母谈心的时候，或者在他信赖父母的时候，缺少或者减少那些应有的愉快与满足。

我常常看到，父母对于孩子非常爱护，然而他们对后辈的态度却总是执拗的，一直不肯和他们亲近，总是保持着自身的威严，仿佛他们只要活着，就绝对不能从孩子那里获得任何安慰与快乐。对此我委实觉得奇怪。

彼此信赖地闲话家常和交谈心事也许是最好的一种建立并巩固友谊与好意的方法。做不到这一点的话，所有的慈爱终究是会留下嫌隙的。不过，一旦你把心怀向孩子敞开，他看到你让他参与到你的事情中，他明白这些事物最终会交到他的手中，他那时就会像关心自己的事情一样去关心你的事情。既然你没有像对待外人一样对待他，那么他就会在爱你的同时等待自己的机会。同时，他会明白，你并不是没有顾虑地去享受一切，他对此越是明白，就越是不会对你拥有的产生嫉妒。他会越来越清楚，有这样善意的“朋友”——慎重的父母来照管他的一切，实在是一种幸福。这位善意的“朋友”，遇到事情的时候随时可以商量，可以依靠。如果这样他还感到不高兴，那这种没有知识、缺乏思想的人还真是少见。

如果父母对待孩子太疏远冷淡，那么他们的孩子往往会感觉失去了保护，而那种保护能带来的好处远胜于一百次的责备。倘若你的孩子要找点乐子，或者想逞能，他这么做的时候，你发现一些苗头总好过完全不知道。对于他的计划，你知道得越多，你就越有能力去预防他犯下严重的过错。你可以事先把事情的结果给他看，这就相当于使用了适合的办法，能够避免他遇到那些相对轻微的麻烦。你希望他对你坦诚相待，什么都向你请教吗？那么你便应该先这么对待他，用你的态度来赢得他的信任。

不管他向你请教的事情是什么，只要这件事不会导致无法补救的过错，不会产生致命的危险，那么你就可以像一个有经验的朋友那样去表达自己的意见，你的意见中不能带有命令或者权威的色彩，要平等地对待他。不然的话，他从此再也不会向你请教，也不能享有你的指导所带来的好处。

你应把他视为一个青年人，他的幻想与快乐也是你曾有过的，你不该希望他的目标和你完全相同，你也不该希望他20岁时的思想与你50岁时是一样的。你唯一能抱有希望的是，儿童可以享有一些自由，可以适当放松一些，通过父母的照看与孩子自身的智慧，不会产生非常严重的危害。

我以前就说过实现这一目的的方法，你可以在孩子有能力的时候和他谈谈你自己的事情，你可以亲切地向他提出要交谈的事情，询问他的意见。他的意见如果是正确的，那就按照他说的做，如果成功了，你就应该称赞他。这种方法不但不会损害你的威信，反而能够使他更爱你，也更尊敬你。你的财产由你保有，财产的所有权握在你自己的手里，你的威信会因为多了和蔼与信赖而增强。当对你这样一个“好朋友”，他不敢得罪的原因不光是因为担心失去一部分将来的期望时，你才掌握了支配你孩子的能力。

亲切的交谈，既然适用于父母对待孩子，那么也就更适合老师用来对待学生。老师和学生相处的时候，不能把所有的时间都用在训诫上，也不能什么都由老师来支配，命令学生遵守规则。对于学生的意见，老师也要去倾听，要学生去做什么的时候，也应让他习惯先用理智去思考，这样的话，他也就更容易去接受规则，只要扎了根就会越来越深入，学生越老越喜欢学习，愿意接受教导。当他发现自己掌握了知识就能参与讨论事情，人们在交谈的时候，他也能参与进去，有人会听取他所说的道理，也有人会对他所说的道理表示赞同，那么他就会由此产生乐趣与信念，他会开始看重学习。

品德、自持与礼仪方面的事情，应该告诉他相关事例，让他自己做出判断，这点尤其重要。这是一种能够启发儿童悟性的方法，比格言更有效果，不管解释得多么清楚的格言都比不上这个方法。此外它还能让规则被孩子牢牢记住，并被执行。事情就这样在心底留下印象，连同那些道理一同存入心底。而所谓格言，最多也就只是对事物空洞的描述，当不得事物的真正印象，很快就被忘记。

如果他对事例发表过自己的看法，找适当的机会和老师一起探讨，那么，对于仪态与正义的标准和基础，他必然会理解得更彻底，对于自己必须要做的事，他必然会留下更生动持久的印象，与昏昏沉沉地、漫不经心地、一味沉默地去听取老师讲话相比，显然这样的效果好得多。不管遇到什么问题都去吹毛求疵，非要从逻辑上进行一番辩论，或者进行一番慷慨激昂的演讲的方法，就更是没法与这个方法做比较。对这两种不提倡的方法，前者的思想没有用在真理上，全都用在了虚伪的表面上，而后者则是在传授谬误，教人斗嘴。这两者都是对判断能力的一种破坏，让人不再遵守公平与正当。因此只要是想改善自我，受到别人欢迎的人都应竭力避免。

一方面，你要使你的孩子明白他是需要依靠你的，你有管束他的权力，这样你的威信就树立了起来。同时，他如果依然顽固地坚持你曾经禁止过的坏行为，特别是说谎，那么你就应该对他一直严厉，让他对你产生一种必须敬畏的心理。

另一方面，他在各种年龄应该享有的自由，你应尽可能让他去享受。至于他欢乐的态度、天真的举动，不过是他年幼时必有的一种现象，和睡眠与吃饭一样是不可缺少的。你应让他在你的面前不受拘束，视他为朋友，对他爱怜、宽容，尤其是在他将事情做得很好的时候，你应使用适合他年龄的、由“本能”教给父母的、比我所提供的各种方法要更好的方式去爱抚他，去向他表示亲昵，让他明白你是在爱他、照顾他。

通过各种方法，你的子女不会感到缺少你的关爱，他会对你产生一种特别的敬慕之情，也就达到了你所希望的那般，他从此真正开始对你敬仰，你以后应将这份心思小心地永远保持下去。不管是爱，还是畏，都应加以维护，这两部分会是你能够一直支配他的最大准则，能够让他走上爱名誉、重道德的大路。

基础打好了，当你知道在他的身上，这种敬仰之心开始起作用之后，你接下来要做的就是对他的脾性和心理的特性去仔细考察。之前提到过，不管他的气质是怎样的，顽固、说谎，以及不好的行为，从一开始就要被禁止。不能允许恶的种子生一点根，一旦出现在他身上，就必须立刻小心地去除。在他刚懂得知识的时候，你就要树立起你的威信来，用你的威信来使他的心理受到影响，让它成为一种本能的原则，不知起源，不知真相。倘若能及早树立起他对你的敬仰之心，那么这在他的心目中就是神圣的、不可侵犯的，他很难对它做出反抗，就如同对他天性中的原则做出反抗是一样的。

你要这样及早把威信树立起来，与此同时，当你察觉他有任何不道德的倾向或者习惯的时候，你应温和地使用你的威信，立刻让他感到羞愧，从而给他纠正过来（依然强调，只要不是顽固不化和不知悔改，不到必要的时候，我反对斥责，尤其是反对责打儿童），你最好顺应他的天性，让他更倾向天性所指引的方向。

本性是不可改变的，因此有的人强悍，有的人软弱，有的人谦虚，有的人骄傲，有的人顽强，有的人温顺，有的人大意，有的人敏感，有的人迟钝，有的人敏捷。

人类的气质与心理构造上的差异，与人类体态与面孔上的差异很像，不同之处只有一点，时间久了，年龄大了，体态面孔上的特点也就变得明显起来，更容易看出来。但是在儿童还没有学会如何隐藏自身弱点的时候，还不知道将自己的不良倾向用装模作样的外表来做遮掩的时候，那些心理上的特性则是最容易被看明白的。因此，你应尽早去仔细观察自己孩子的气质，并且你应在管束最少的时候，如他正在游戏的时候，他以为不在你的视线范围内的时候去观察。你要观察他主要的倾向与感情是什么，观察他是温柔的还是强悍的，是腼腆的还是勇敢的，是残酷的还是温和的，是沉默的还是开朗的。你要根据他这些方面的不同而采取不同的方式去对待他，并且树立威信的方式也不能相同。直接的斗争或者规则并不能改变这些“本能”上的倾向，那些因为颓废与恐怖而生成的压抑倾向更是如此。哪怕凭借技巧能够让它们变得有用，能够使它们得到很大的改正。但是你要明白，就算你把方法用尽，“本能”最初如何安排一个人的倾向，那它就会永远偏向那个方向。

他刚出生的时候，你如果就对他的心理特性去做仔细观察，那么等他日后长大，他开始对自己的行为做出种种伪装，情况变得复杂后，你也能够对他的心理倾向做出准确的判断，你就会明白他究竟是想做什么。

前面我就告诉过你，儿童喜欢自由，因此所有适合他们的事情，尽管让他们去做，不要让他们感受到任何的束缚。现在我还要告诉你，他们还喜欢另一件事情，即控制。控制实际上是大部分恶习的根源，这些习惯多是普通的、自然的。早在以下两件事情上就表现出了喜好控制和权力的思想。

我们都清楚儿童在刚出生的时候（我坚信远远早于会说话以前），他们哭泣、乖戾、不高兴、使性子，只是为了让自己的意愿得到满足，而不是为了别的。他们要别人服从他们的愿望，他们要掌控所有的人，特别是那些年龄或者地位与他们差不多或者远比他们要低的人，他们只要能够以此来区分人，他们就更会这么做。

还有一件事能够说明他们喜欢控制，那就是他们喜欢占有东西，他们喜欢把东西据为己有，这样他们会觉得自己从中获得了权力，同时还可以对物品随意处置，他们为此感到高兴。

儿童很早的时候就具有这两种性情，但没有人发现，这是因为人们对儿童行为背后的意义很少注意。这几乎是导致人类生活产生竞争与不公平的根源。所有不想尽早铲除它们，用不同习惯来代替的人，他们忽略了一个正当的时机，这个时机能够为成为一个善良可贵的成人奠定基础。想要实现这个目的，以下几点能起到有益的作用。

在一开始我就说过，儿童恳求的事情，不可以轻易满足他，但凡他哭着要的东西，更是不能给他，哪怕只是他提到过的东西也不行。不过这种说法极易被人误解，会被人认为我的意思是不允许儿童向父母要任何东西。也许大家认为这样做对儿童的精神过于压制，与父母和儿童彼此相互关爱的宗旨不符，所以我要对此做详细的解释。

对于自身所需要的，儿童有向父母提出需求的自由，父母对于他们的要求也应尽可能温和地去听取、满足，最起码在儿童年纪很小的时候是应该这么做的。但是，要明白一点，“我饿了”与“我想吃烤肉”，这是两码事。儿童提出了他们的本能需求，即那些饿了、渴了、冷了，或者其他本能需求给他们带来的痛苦，父母以及周围的人有责任去解除。但是究竟哪些东西最适合用来解除这种痛苦及应该使用多少，不能由儿童自己来决定，应该由父母来做出选择并安排。如果儿童提出“我要饮酒”，他们只要提到了这些东西，那么就不应让他们得到。

父母在此应注意分辨儿童提出的到底是本能的需求还是欲望的需求，贺拉斯用诗句对这点做了清晰的说明：“人们会因为那些得不到的事物而痛苦。”倘若当真是本能的需求，那么在得不到其他帮助的时候，理智对此是没有单独抵抗的能力的，或者说只凭借理智，我们做不到不受到它的影响。我们每个人都能感受到诸如饥饿、干渴、受伤、生病、失眠、寒冷、劳累之类的痛苦，即使是心态最好的人也往往会对这种种痛苦感到不适。我们应当用合适的办法去解决它们，可以稍微慢一些，只要不会产生无法挽回的危害，在一开始对待它们的时候都不必着急或者焦虑。本能的需求所带来的痛苦实际上是对我们的一种警告，提醒我们要留意之后更大的害处，因此不能完全不理会这种痛苦，也不能太过勉强。不过倘若在我们妥善的照顾下，儿童的身心日益强壮，对于这种痛苦，他们越是能忍受，就越是能从中收获更多好处。我在此无须做出任何提醒，说当儿童忍受痛苦时，不可对他们的精神有所损害，也不可有损他们的健康，因为父母在这方面从来都会温和行事的。

对于本能的需求，不管如何都应尽量满足，但是对于欲望的需求，却绝不能让儿童轻易获得满足，甚至都不可以让他们轻易提起。只要这种需求他们提到过，那么就要切断他与事物之间的联系。他需要衣服，就可以给他衣服，但是他如果对衣服的材质、颜色提出要求，那么就最好不要满足他们。

我并不是让父母在这些无关紧要的事情上故意为难子女。儿童只要举止适宜，你又确定他们的精神不会被损害，他们的心理不会因此变得脆弱，他们不会因此喜欢去注意那些琐碎的小事，那么我认为应该尽可能将一切东西都处理得让儿童满意，从而让他们收获到事情处理好后的快乐与舒适。

倘若儿童根本不会从这些事情上寻求快乐，不会按照他们的喜好去调节他们的兴趣，那么这再好不过，他们最好完全不关心本能安排好的所有事情。父母和老师最该做到的就是这一点，但是在没有实现这个目的之前，我只是反对儿童过于随意地做出恳求。对于这种有关欲望事宜的恳求，应该让他们恳求的目的永远达不到，要对他们做出约束。

那些生性慈爱的父母对于儿童的天性是放任的，也许他们会认为这种方式未免过于残酷，实际上这么做并没有超过一定的限度。因为我提倡废除责打，所以这种限制他们提出要求的方法，非常有利于我们之前所说的让儿童对父母养成敬畏之心，让他们保持对父母应有的尊重与敬仰。

除此以外，它还能够培养儿童养成一点克制的习惯，能够对他们的欲望做出克制。他们就会从中学会一种方法，每当欲望刚产生，也就是在最容易对欲望做出克制的时候，他们就会去克制欲望。我们的欲望只要一有机会就会大肆发展，那些勇于把自己的欲望当作要求表达出来的人，他其实认为自己的要求差不多是可以被满足的。我相信，在这方面自己去克制要比别人来克制容易得多。因此在儿童习惯放任他们的欲望之前，应尽早让他们养成理智，运用理智。儿童只要养成这种习惯，不抱不该有的幻想，在说话前就会好好考虑一下到底要不要说，这样以后如果遇到对他们来说很重要的事情，那么他们就会从中得到非比寻常的好处。

我反复叮嘱过大家，儿童偏好的每一种行为，无论是什么性质，大小如何，我们最需要（在我看来几乎是唯一需要）考虑的事就是，这件事对儿童的心理会产生怎样的影响，会让儿童养成一种什么样的习惯，等儿童年纪渐长后是不是还适用，如果对此加以鼓励的话，那么等他长大成人后，他又会被引领到哪里。可见，我的本意并不是故意让儿童不舒服，那会使儿童受到伤害，也太残酷。儿童应学会克制自身的欲望，养成对欲望克制的习惯，同时也要锻炼身体，让身体习惯辛劳，这样一来，他们的身体与精神都会变得强健、饱满、舒适，他们对此不应感受到任何恶意。

他们每次都得不到恳求的东西，那么他们就会因此学会谦虚、服从与忍耐，但是为了奖励他们的谦顺与缄默，应该将他们喜欢的事物给予他们，让他们明白，原来是因为爱护他们，才会在当初极力让他们学会克制。现在对于他们心爱的事物，他们能够做到不要，这就是一种美德，以后就应当对他们做出奖励，而奖品自然是适合他们并且他们喜欢的东西，这种奖励不能当作一种交换条件，而是他们好的行为所带来的自然结果。然而，如果你不肯给予的东西，他们能够从别人那里获得，那么你所做的一切就是白费力气，同时你还会失去他们对你的敬仰。这才是你最应该阻止、最应该小心防备的。

倘若能够尽早开始这种训练，倘若他们习惯从小就去克制自己的欲望，不开口恳求，那么他们就会在这种良好的习惯下保持安静。等他们长大些后，会斟酌行事的时候，倘若他们说出来的话是出于理性而不是感性，那么就可以多给他们一些自由。因为只要是理智所说的话，那么就都应倾听。但是倘若他们提出想要某件东西，如果那样东西并不是你先对他们提起的，那么他们所说的话，你就不可以听从。

同样，儿童倘若想知道某件事，想询问某个消息，对于他这类的提问，你应倾听，并且要给他做出公正的、友善的答复。儿童的好奇心是应得到鼓励的，除此以外，对于儿童的其他欲望都要小心地去克制。

尽管对于一切与喜好有关的欲望都应严格抑制，但有一种情形不在此列，应该给他开口的机会并倾听。消遣和工作、吃饭有着同样的地位，然而消遣是不可能不带来快乐的，而快乐却不可能永远受理智支配，它还是更多地受到嗜好的影响。只要儿童的消遣方式没有危害，不会损害他们的健康，那么可以允许儿童自己去找消遣，而且还应让他们按照自己的方式去消遣。倘若儿童提到某种消遣，那么我们就不应表示拒绝。尽管我认为在好的教育当中，这种与自由有关的要求很少需要儿童自己提出来。我们要注意，只要是对儿童有益的事情，我们都应让他们快乐地去做。在他们还没有彻底厌倦某一件有益的事以前，我们就应想办法让他们去做其他有益的事。他们如果还不能把进步当成一种消遣，他们如果还没有这个能力，那么你就应让他们去做那些他们所喜欢的幼稚游戏，让他们彻底玩够，玩到再也不想玩。但是在做有益的事情时则不应该这样，而要让他们在有余力时就暂停，至少在没有对此感到十分厌倦的时候就暂停。这样等他们重新去做的时候，就像去做一件能够令他们获得消遣的愉快的事一样。

在做那些有益的事情时，儿童如果感到快乐，那么就要对他们的身心轮番做有益的锻炼，让他们在消遣的状态下快乐地生活与进步，让倦怠可以得到休息与恢复。在这以前，你不能认为他们已经走上了正轨。

我不知道各种气质的人能不能达到这种境地，老师与父母能不能去努力思考、忍耐，从而让儿童到达这个境地。然而如果能够使用一种正当的方法，让儿童想要去得到别人的尊重、信任与名誉的话，那么我相信大部分儿童都能做到。如果他们的生活如此丰富又如此真挚，那么一切能令他们获得最大快乐的事物，你都可以和他们谈论，对他们做出指导，或者干脆就随他们去。他们也就会明白，那个教导他们的人并不是他们的敌人，并非一味反对他们获得满足，他们是受到关怀与爱护的。他们因此会对教导他们的人充满敬仰之情，对那些被指点的品德心生向往。

在消遣上使儿童得到自由还有另一种好处，即能够从中看出儿童天性的气质以及他们的才能和倾向，这样一来，对于他们的生活方式与事业方向，父母就能有根据地做出合适的选择。同时，一旦察觉任何儿童天性中所具有的错误倾向，也可以立刻想出合适的办法进行补救。

培养孩子坚韧、勇敢、仁爱的品格

恐惧、勇敢与前面提到的性情有着一定的关系，所以在这里讨论一下。如果能够对恐惧这种情感使用得当，那么它也是有用处的。因为爱惜自己，所以我们知道恐惧，知道警惕，然而我们有时还是会太过勇敢。看到一点点灾祸就吓得颤抖畏缩，这固然是不太合理的，但是愚勇和不知危险也是一样的。恐惧是一种给我们的警告，让我们抓紧时间去做准备，预防灾难的到来。

所以，我们倘若看见灾难却不知害怕，不能对危险做出正确的判断，对待危险全然不在意，也不管危险是哪一种，也不管危险有什么用或者会带来什么结果，就情愿去冒险，作为一个理性动物，这种表现并非果敢，只不过是一种兽性上的凶狠。如果儿童表现出这样的气质，那么唤醒儿童的理智才是人们唯一能做的事。出于自我保护的心理，他们很快会听从理智的劝告，除非还有别的因素使他们变得鲁莽，失去了思考能力。

人类天生就不喜欢灾祸，没有人不恐惧灾祸。我们看到不喜欢的事物时会产生一种忐忑的心情，这种心情正是恐惧。所以，我们可以断言，倘若有人愿意去冒险，那么这个人必然是无知的，或者是由于受到了其他激烈的情感支配。这个世上没有人愿意和自己作对，故意遭受灾难，为了冒险而冒险。倘若儿童因为愤怒、虚荣或者自负失去了恐惧，或是对于恐惧心的劝告，他不听从，那么便应该采用合适的方法去消除掉那些心理，让他火气降低，稍微做一番思考，好好想一想，冒险到底值不值得。不过这不是儿童常犯的毛病，对于补救的方法，我不用在此详细讨论。精神脆弱才是更常见的一种，应该更为注意。

在众多品德中，坚韧是一种支柱与保障。勇气，让一个人可以尽职尽责，是真正具有价值的品性。

那些我们所惧怕的危险与我们所感受到的灾祸，我们之所以能做出抵抗，就是勇气的体现。我们的人生四面受敌，而勇气的用处很大，我们应尽早让儿童用勇气把自己武装起来，越早越好。我承认，天性在此起了很大作用，不过哪怕心灵本身就怯懦、脆弱，如果做了正确的安排，也能够使它更为果敢。至于在儿童年幼的时候，要怎么做才能使他们不会受到惊吓，不会因为他们受到了一点轻微的伤害就去怜悯他们，从而避免他们的精神变得脆弱，我在前文已经提到过了。目前要深入考虑的是，倘若我们认为他们太过恐惧，那么要如何去锻炼他们的气质，以及如何去提高他们的勇气。

在我看来，一个真正坚韧的人，不管遇到什么样的灾祸与危险，他都能做到镇静从容，尽职尽责，不会放弃。然而这种境界，连成人都鲜少能达到，自然也就不能强求儿童做到。不过，若妥善引导，并且长期坚持下去，他们能够到达的境界要远高于我们所期望的。我们在儿童年幼的时候没有好好关注这方面的事情，也许正因如此，他们成人后才无法充分具备这种美德。

倘若决战疆场，在敌人面前不畏牺牲生命的那份勇气是真正坚韧的品格，那么在英国，我也就没有必要说这么多，我们英国人生来就很勇敢。然而这还不够，我们遇到的危险不仅来自战场，还有别的方面的危险。在所有令人恐惧的事情当中，最让人觉得恐怖的无疑就是死亡，但是耻辱、贫苦与痛苦也有令人恐惧的地方，大部分当事人都会困窘不堪。真正的坚韧是要做好遭遇各种危险的准备，遇到任何灾祸，都要岿然不动。我的意思并不是说一点儿都不能感到害怕。在遇到危险的时候，是不可能没有恐惧的，倘若没有的话，那就是因为愚蠢。恐惧能够激发我们的注意力，让我们保持清醒，但是不可让它干扰我们冷静地运用理智，当我们用理智下达命令时，它不应对我们有所妨碍。

想要拥有这种顽强的、镇定的品格，就要先按照我上面提到的方法去做。在儿童年幼的时候，应尽量避免让他们受到一切惊吓。任何恐怖的谈话都不要让他们听到，任何恐怖的东西也不要让他们看到。否则他们的精神往往会因此失常或者受到惊扰，日后也无法恢复。

不管是什么可怕的念头，只要听人提到或者自己想到，他们就会惊慌失措，他们会身体瘫软，精神紊乱。出于畏惧，他们想要做出任何合理的或者镇定的行为都很难，而且他们这一辈子都会如此。

不知道这种情况的产生，是不是因为第一次留下了太过强烈的印象，导致在血气方面形成了习惯性的动作，也不知道是不是还有无法考察的因素导致体质发生了改变，但事实上也的确是这样的。倘若在幼年时受到了惊吓，那么以后的生活都会受到影响，这种精神脆弱的人到处可见，因此应尽可能地防范。

接下来要做的就是让儿童逐渐习惯那些他们太过畏惧的事物。但对此你要格外谨慎，这种方法不能太早使用，也不能匆忙使用，否则不但解决不了问题，反而会让问题变得更加严重。

在儿童会说话及能听懂话以前，我们如果对他们讲道理，告诉他们那些我们想要他们一点点去接近、去习惯的那些恐怖的东西实际上并没有什么害处，他们是很难理解的。所以这种方法在他们能说话、能走路前很少能用得上。但是，婴儿如果看到了他们不喜欢的东西，他们又总是会表现出惊恐，那么你就要想办法转移他们的注意力，或者想办法美化那些东西来消除他们的恐惧，直到他们习惯了，对此不再讨厌为止。我甚至可以这么说，在儿童初生之时，只要看到的东西不会伤害他们的眼睛，他们是无所谓的。对于他们而言，一只狮子或者一个罪犯并不会比一位和蔼可亲的乳母更吓人。那么为什么他们后来看到某些颜色与形状又会觉得害怕了呢？这只是因为他们害怕那些东西带来的伤害而已，没有什么别的缘故。

倘若给一个儿童每天都换一个乳母，那么我可以断言，他6个月时不会比60岁时更畏惧生面孔。儿童与不熟悉的人不亲近，只是因为他们习惯了在一两个负责照顾他的人手中吃东西和被疼爱。只要有生人要抱他，他就会害怕，他害怕失去那些给他食物、满足他需求、给他带来快乐的人或物，所以亲近的人一旦走开，他就会感到害怕。

我们生来恐惧的就只有失去快乐，或者是痛苦。东西本身是不会带来痛苦的，不管是什么形状、大小或者颜色。所以在我们还不曾从那些事物中感受到痛苦时，我们是不会害怕的，哪怕有人告诉我们，它们能够给我们带来伤害。

儿童喜欢火焰的光彩，一开始常会去玩火，但在体验到火带来的极大的痛苦后，他们就会得出经验，会明白火焰是很残酷的，以后就会谨慎地避开它，不敢再去触碰。这便是恐惧的由来。由此也就不难找到恐惧的源头，也就知道如何去医治那些错误的恐惧了。倘若他们在心理上不畏惧，自身有把握，能控制得住那些相对轻微的、普通的恐惧，那么他们也就做好了充分的准备去面对真正的危险。

假如你的孩子看到青蛙就会跑开，那么你可以让其他人捉住青蛙，然后将青蛙放到离他有一段距离的地方。一开始先让他尝试远远地看，等他习惯了之后可以让他近距离去观察，不带情感地看它蹦跳，然后再让别人捉给他，让他轻轻去触摸，就这样一点点慢慢来，直到他能像玩弄一只蝴蝶或者一只麻雀那样去玩弄一只青蛙为止。

用这种方法，能够消除所有不必要的恐惧，前提是你要小心谨慎，不要性急地去做，在他还没有彻底消除一种恐惧前，不可以让他去面对新的挑战。为了应对人生的战斗，就应该这样去训练那些年轻的战士。

你应注意，除非真正有危险，否则你不可把其他更多的事情看作是有危险的。倘若你发觉他竟然开始恐惧所有本不应产生恐惧的东西，那么你就必须一点点地去引导他，让他在不知不觉中开始不再恐惧，能够克服困难，得到称赞。多次在这些地方获得成功后，他就会明白，我们所恐惧的那些灾难并不会一直那么可怕，或者一直那么严重。预防灾难的方法并不是逃跑，我们也不应受制于恐惧，被恐惧征服、困扰、阻挠，我们的名誉与责任都需要我们前行。

对于儿童来说，他们恐惧的主要根源是因为感到痛苦，因此让儿童习惯痛苦是让他们不怕危险、不恐惧的一种训练方法。在慈爱的父母看来，也许他们会觉得用这种方法去对待儿童，未免过于不自然。为了能够使一个人不畏惧痛苦，就让他先去经历痛苦，大部分人都会认为这么做有违常理。人们认为，儿童并不会因此愿意承受痛苦，只会去怨恨那些让他感到痛苦的人。

"这个方法可不常见。"

"儿童如果犯错，你提议不让他们受到责打与责罚，然而因为儿童做事做得好，或者为了让他们经受磨难，你就要去故意为难他们？"

我相信这些反对的声音都会出现，人们也会认为我所提出的建议是自相矛盾的，或者觉得我是异想天开。我承认，做这件事情的时候必须要非常谨慎才行，因此对于我的建议，只有那些可以用心思考，不管遇到什么事情都愿意探寻缘由的人才会接受，才能领会到其中的好处。

我不希望儿童认为肉体上受到的痛苦是对他们最大的惩罚，因此我不提倡儿童犯错的时候，对他们多用责打。我建议在儿童做得好的时候，也不妨让他们偶尔遭受点痛苦，这也是出于同一个理由，让他们习惯痛苦，不要把痛苦视为最大的灾难。

看了斯巴达的榜样[1]你便会明白，教育能够令儿童

1 斯巴达是古代希腊城邦之一。其教育目的是通过严格的军事体育训练，把斯巴达子弟培养成国家需要的武士。男孩7岁进入国家的教练所，从此他们就要经受心魄和筋骨的磨炼，训练的主要形式是格斗。（译者注）

习惯磨难与痛苦，那些不把肉体上遭受的痛苦视为最大灾难的人，不将其视为最可怖之事的人，他们在品德上会取得非同一般的进步。但我并非倡议在如今这个时代实行斯巴达人的训练方式，那可太愚蠢了。我只是希望对儿童能够温和地进行训练，让他们养成这样的习惯，让他们不至于因为受到了一点痛苦而畏缩。这样做能够使他们精神镇定，并且为他们以后能够果敢地生活奠定基础。

第一，不要一看到儿童遭受了轻微的痛苦就去怜悯他们，或者让他们自我怜悯。我在前文已经谈到过这一点了。

第二，故意或者偶尔让他们受到一点痛苦，不过你要注意，不是随时随地都可以这么做的，要在儿童高兴，并且他们明白那些伤害他们的人原本是没有恶意的时候这么做。在这么做时，既不可以表现出不高兴或者愤怒，也不可以流露出后悔或者同情，此外使儿童感受到的痛苦要在儿童能够忍受的范围内，不可以让他产生怨恨与误会，更不可以让他将其视为一种惩罚。

我知道的一个儿童就曾经被这样对待过，尽管他背上被人重重打了几下，但他还是笑着跑开了。要知道在这之前，他如果被别人说句重话都是会哭的，哪怕别人只是给了他一个冷眼，他也会敏锐地感知到。

对于儿童，你要一直爱护他、照顾她，让他明白你的确是爱他的，然后他就会慢慢习惯忍受你所给予的那些粗暴的待遇和痛苦的事情，他对此既不会畏缩，也不会怨恨。我们都知道，在游戏的时候，孩子们每天都是这样对待彼此的。

孩子性子越温和，你越是应该在适当的时候对他实施这种锻炼。这当中有个窍门：要在他玩得开心时、表扬他时去实施，一开始做的是痛苦最小的事情，然后一步步、潜移默化地继续推进。

只要你能够让他明白，尽管他遭遇了痛苦，但是他也因为勇气获得了别人的表扬，其中的得失足够互抵。只要他能够因为这种坚强的表现感到光荣，遇到轻微的痛苦能够不再逃避，不再畏缩不前，更想要获得勇敢的名誉，而且他的理智此时也逐步提高，那么你就不必担心他克服不了怯懦，改变不了天性上的脆弱了。等他年纪大些后，他就可以去做那些天性所畏惧的事，变得更为勇敢。

倘若只要有勇气就能做好的事，他因为畏惧不敢去做，那么你在一开始就要对他提供帮助，让他因为感到惭愧而去做，直到他经过练习逐渐产生了自信，能够做好为止。对此应该给予大大的夸奖，他的作为应该获得别人的表扬，应该得到奖励。

凭借这种方式，当他具备了充分的勇气之后，只要是他自己应该做的事情，他就不会因为这件事有危险而畏缩不前；遇到可怕的或者突发的事情，他也不会因为害怕而感到紧张，不会身体发抖，导致无法行动。可能在他为了躲避而奔跑时，他就具备了作为理性动物该有的勇气。一有合适的机会，我们就应努力让儿童养成具备某种胆量的习惯。

在儿童身上，我还常常看到一种情况：倘若他们得到了什么弱小的动物，那些弱小的动物就会受到他们的虐待。小鸟、蝴蝶及其他弱小的、落入他们手中的小动物，常常会遭到他们极为粗暴的对待，受到他们的折磨，而他们还会以此为乐。

对于这种情形，我们必须注意。倘若儿童身上流露出这种残忍的倾向，我们就要对其进行修正。对动物虐待和杀戮的话，人的心肠也会渐渐变得冷硬起来。那些摧残和虐待弱小动物，并且以此为乐的人，他们也不会对同类怀有十足的关爱与同情。在教育儿童的时候，我们一开始就要让他们明白，对任何生物的虐待与杀戮都是一件非常恐怖的事情，我们要教导他们，对任何事物都不要去毁灭或者破坏，除非这么做是为了使其他更优秀的事物得以保存，或者是对它们自身有利。

保护整个人类，并且使人类得到延续与发展，这是我们每个人应尽的责任，也是我们调节宗教、道德及政治的真正原则，倘若每个人都将此视为自己的信仰，那么整个世界就会更美好、更宁静。

我认识一位母亲，对于她的端庄与和蔼，我无比佩服。她的女儿们如果有谁像年轻的女孩子普遍喜欢的那样，想要一只小鸟、一只小狗或者一只松鼠，或者其他类似这样的东西，她都会满足她们。然而她们得到后必须好好对待它们，要一直照顾它们，不能让它们感到哪里不足，或者对它们不好。在她看来，如果她们不用心去照顾，那就是一件很严重的过错，她就会没收她们的小鸟、小狗之类的东西，并且会谴责她们一番，所以她的女儿们很早就懂得了要善良、勤劳。

我认为人们从很小的时候就应该养成一种习惯，对于任何有生命的动物，都要和善地对待，对于任何东西，都不可浪费或者损毁。

在我看来，这种从做坏事（我所谓的做坏事指的是没有理由地损毁东西，特别是那种令有知觉的动物感受到痛苦，并且以此为乐）中获得的快感，只是一种在交往与习俗中养成的习惯，只是一种学来的脾性。有人教儿童去打架，看到儿童互相伤害，或者把别人打伤，他们就会高兴地笑。他们周围的大部分人都是如此，使他们更习惯这样做。

历史上差不多也都只是在谈论杀戮与战争，正在成长的儿童很容易因为那些“胜利者”（实际上，他们大多是一些杀戮了很多人的大屠夫而已）的名声与荣誉犯下错误，会误认为人类崇高的职责就是屠杀，认为这是所有品德中最具有英雄气概的。

他们就这样被养成了那种残忍的、违背自然的习性——把人们畏惧的事情当作换取荣誉的手段，从而让他们不再畏惧。受舆论与流行的引导，这成了一种乐趣。而实际上，这不应该是一种乐趣，也更不可能成为一种乐趣。

面对儿童，对于这点应当谨慎监督，并且及早去解决处理。同时为了取代它，必须培养出那种更为自然的、与其截然不同的仁爱与同情，不过解决方法要温和，就和对待之前说过的两种过错的方式一样。

在此我还有一件事要再次提醒大家：儿童因为游戏，或者是无知而做了“坏事”，或者造成了伤害，如果他们的本意并不是想做“坏事”，他们并不知道那么做会造成伤害，那么对此便不必介意，只需稍加关注即可。有关这一点，我认为不必多作叮嘱，不管儿童犯了什么错，也不管他们犯下的过错会带来怎样的结果，导致他犯错的根源与他养成的习惯才是人们应该关注的。惩罚就应该在这种地方着手，不可以因为游戏或者不小心带来的任何伤害就去责罚儿童。真正要矫正的过错都在儿童的心中。对于所有那些长大后就能改正的过错，或者那些不会养成恶习的错误，不管他们目前的行为多么令人不快，我们都不必做任何的谴责。

想要培养儿童的仁爱之心，还有一种方法，那就是让他们在言谈举止上，能够礼貌地去对待那些地位比他们低的人。对于那种傲慢的姿态，不管是什么导致的——也许是不好的榜样，也许是家产富裕，也许是天生的虚荣心——都应去预防或者消灭。要让他们在对待地位比他们低的人时能够换一种态度，要一直和蔼、温和、彬彬有礼。

儿童不能因为被混乱的表象迷惑，就对人类的天性不尊重。越是对此不尊重的儿童，就越是需要被教导，让他们的性情变得宽厚起来，在面对那些财产比他们少、地位比他们低的同胞时，他们会更温和，也会更有同情心。

倘若他们从小就因为父母具有爵位，于是就认为自己能够对别人随意支配，待人粗鲁无礼，对此哪怕说得再好听，其实也是教养不当。倘若他们本性中的自负心理在不经意间渐渐发展起来，然后他们就养成了轻视别人的习惯。这样除了会带来残忍与压迫，难道还会带来什么别的结果吗？

鼓励孩子的好奇心

对于儿童的好奇心，应该予以鼓励，它是出于对知识的追求，不仅是一种好的现象，而且是一个可以消灭无知的好工具，是由自然给予儿童的礼物。倘若他们不好学，那么他们也许会因为无知变成一种无用的、愚蠢的动物。我认为能够鼓励好奇心，让他经常活跃的方法有以下几种：

第一，不管儿童提出什么问题，你都不可以阻止他，也不可以羞辱他，更不可以嘲笑他。他的所有问题，你都应给予答复，把他想要弄明白的事情，结合他的年纪与对知识的领悟能力，尽可能地让他理解。你的观点和所做出的解释不可超出他的理解能力范围，那些用不上的、各种各样的事物没必要过多提及，以免让他糊涂。

对于他提问时的措辞，你无须关注，他提问的目的才是你应关注的。等对他做了答复，他的好奇心被满足后，你就会发现，原来他的思维本身就是能够扩展的，并在适当的答复引导下，以超乎你想象的速度前进。他理解知识带来的快乐，就和眼睛看到光明时带来的快乐是相同的。

儿童是极喜欢知识的，特别是当他们明白自己的提问能够引起别人注意时，以及他们的求知欲得到了鼓励与赞扬时，他们对知识就会更喜欢。我认为儿童偏爱那些无聊的游戏，把所有的时间都乏味地打发掉，只是因为他们的问题被忽视了，他们的好奇心被阻碍了。倘若能够给予他们更温和的对待与尊重，对于他们提出的问题，能够给予令他们满意的回答，那么我相信学习与知识的增长能够让他们收获更多的快乐。因为那里一直是新鲜的以及有变化的，是他们所喜爱的，所以他们也就不会愿意去重复玩同一个玩具与游戏。

第二，对于他们的问题以及他们想了解的事情，你要认真地答复，除此以外你还应当采用一些特殊的表扬方法。当着儿童的面，你可以告诉他们敬重的人，某件事他们已经懂了。打从很小的时候，我们就是一群“自负自夸”的动物，因此你应把他们的自负自夸利用起来，在对他们有帮助的事情上满足他们的虚荣心，以鼓励他们。由此你就会明白，倘若想要让最年长的孩子主动去学习，并且让他能够理解你想要他学习的东西，那么就让他教他的弟弟妹妹吧，这对他而言，无疑是最好的一种激励。

对于儿童的问题，不但不能忽视，而且要格外地重视，不能给他们虚假的答复。倘若轻视他们，或者欺骗他们，他们是很容易察觉到的，进而他们很快跟着学会敷衍、虚伪和做假等花招。在所有的交往中，我们最不可忽视的就是与儿童的交往。我们对儿童弄虚作假，不仅是对他们的欺骗，对他们认识的阻碍，而且还摧毁了他们的天真，让他们染上了最糟糕的恶习。

儿童宛如一个初来乍到的旅人，他们不熟悉当地的情况，我们要凭良心做事，不要将他们引入歧途。尽管他们有时提出的问题似乎不怎么重要，但我们也应认真地去回答。虽然我们会觉得那些问题没有提出的必要（我们早就知道这些问题的答案了），但是对那些根本不清楚真相的人来说，那还是很重要的。

面对所有我们熟悉的事情，儿童都是新手。对他们来说，那些平常遇到的事情在一开始都是未知的，我们当初也是如此。倘若他们有谁能够遇到热心的人，能够接受他们的无知，同时能够帮他们摆脱这种无知状况，那么这个人无疑是幸福的。我们有知识，而且对世事明达，对于儿童的问题与思想，我们或许看不上。然而，倘若你和我一起去了一趟日本，我们想要了解当地的状况，那么我们显然有许许多多的问题要提问，而这些问题，尽管我们认为非常重要、亟待解决，但是对于一个轻率的或者自大的当地人来说，显然没有任何意义，而且很不适宜。倘若能够遇到一个有礼貌的好心人，能够给我们指点迷津，满足我们的需求，我们自然会觉得很高兴。

遇到新鲜的事物，儿童往往用一种很陌生的口气来询问：这是什么？他们其实只是在问那样事物的名称，因此我们只要告诉他们那样东西的名称就可以，这就是一个正确的答复。而他们的第二个问题通常都是：它的用处是什么？我们要直接、真实地回答这个问题，要在他们的理解能力范围内，告诉他们那件东西的用途是什么，跟他们解释清楚如何去使用。至于他们提出的其他问题，我们也要如此对待，在他们理解的范围内满足他们后，才可以让他们离开，这样他们就能够从你的回答中再去挖掘新的问题。

对于成人来说，这种交谈并非完全如我们所想的那般没有任何用处与意义，那些好奇的儿童提出的那些不曾被人教导过的、天真的问题，往往能够使一个愿意动脑子的人去进一步思考。我认为儿童在无意中提出的问题，往往比成人所说的话更容易让人从中学会一些东西，因为成人已经获得了一些观念，他们所接受的教育使他们有了固定的看法，他们所说的话都是建立在这些基础之上的。

第三，我们有时可以故意让他们看到新鲜的事物，让他们提出问题，引发他们的好奇心。倘若他们提出的问题是他们不应该了解的，你不要编造谎言或者冷淡地回答，不要去敷衍他们，你最好坦率地告诉他们这不是他们可以知道的事情。

有些人小时候就很机灵，这很少是身体强壮的缘故，也不能因此就判断他们心理强健。倘若想要让儿童成为一个擅长交际的人，我深信办法一定是有的。但是在我看来，明智的父母要做的，应该是让孩子长成一个有用的、能干的人，而不是在童年时让孩子去讨人欢喜，长于交际。即使儿童闲聊能够讨人欢喜，在我看来还是远不如让他们善于思考更令人感到高兴。因此，对于他的需求，你要在他能力范围内尽可能地满足，你要指导他做出判断，鼓励他去提问。

只要他的理智发展得非常完善了，你就要因此对他表示赞赏与信任。倘若他偏离了正轨，对于他的错误，你要用温和方法去帮助他改正，不可嘲笑他。倘若他想仔细思考遇到的事情，你就要尽量小心不要让别人干扰阻碍他。为了避免将他引入错误的道路，你也不可以和他进行错误的对话，或者与他强词夺理地辩驳。

对于我们心理上最重要的能力，我们应该予以高度重视，将其培养起来，我们的人生能够达到的最完美的境界就是让我们的理智能够得到正常的发展与运用。

注意保护孩子的幼小心灵

你要切记，在他年幼的时候，你务必要保持他心灵的天真纯洁，一切与鬼怪有关的印象和观念都不可让他接触，不可让他的心灵对黑暗存有任何畏惧。那些与鬼怪有关的想法，倘若入侵了儿童天真的心灵，给儿童留下一种与恐怖有关的强烈印象后，想要再拔除它，可并不容易，因为它已经根深蒂固。他们会因为这种想法不时地产生许多奇怪的幻觉，在没有人陪伴的时候就会非常胆小。他们一生都会害怕黑暗和自己的影子，一些小时候被这么恐吓过的成年人对我诉苦过。尽管他们明白，不管白天还是黑夜，都没有什么看不见的东西能令人觉得害怕，然而只要一有机会，这种想法就会时不时地作祟，让他们产生的幻觉必须花费一番力气才能消灭掉。

在此，我要给你讲个故事，这个故事非比寻常，但的确是真实发生过的事情，由此你便会明白早年留下的印象是多么可怕与持久。

在一个小镇里，有个精神错乱的人，大部分男孩子看到他都爱嘲笑他。有一天，这个人在街上看到了一个平日里总嘲笑他的孩子，于是他就走进附近的一家武器店，拿了一把出鞘的剑追赶那个孩子。那个孩子见状立刻就逃跑，幸好他有足够的力气，腿脚强劲，他一直跑到自家的房子里，这才没有被追上。房门只上了闩，他手扶门闩，探头去看那人离他还有多远，而那时那个疯子已经追到了门口，正举着剑要砍他，他刚好来得及跑进去，急忙把门关好，这才没被砍到。

尽管那个孩子的身体逃过了伤害，但是他的精神却没有。这件可怕的事情给他留下的印象是极为深刻的，即使没有保持一辈子，至少也让他许多年都不曾忘记。他成年后，把这个故事告诉我时，他说，从那以后，不管什么时候，只要他从那扇门进入，无论他当时心里在想什么，他总是下意识地回头去看看。

倘若没有来自外界的影响，儿童并不会觉得黑夜比白天更可怕。他们喜欢白天，因为白天可以游戏，同样他们也喜欢黑夜，因为夜晚可以睡眠。不应该让儿童从别人那里听到任何黑夜比白天更危险，或者黑夜里恐怖的鬼怪比白天更多之类的说法。倘若他们因为周围人的言论受到了这种伤害，让他们觉得在睡眠时与在黑暗之中时会有些异常的事发生，那么你就要尽快去消除存在于他们心中的这种伤害，越快越好。在他还没有成熟，对于一些知识还不够了解之前，不要跟他提及鬼怪，最好不要让他对此产生任何错误的想法。

让孩子成为品性良好的人

在给孩子的品德打下良好的基础之后，你应注意的第二件事就是让他说的话务必要真实，同时你要让他成为一个善良的人，用一切你能想到的方法。你要让他明白，与犯上二十次过错相比，更不应得到宽恕的是曲解了一次事实，对任何过错搪塞遮掩。你要尽早教导他爱别人、待人善良，这可以尽早把孩子的基础打好，让他成为一个诚实的人。所有不公道的事情，往往都是我们太爱自己，太不懂得爱人的缘故。

想要把良好的品德在儿童身上打下基础，按照我所说的这些做就足够了。等他长大后，对他本性中的倾向要给予注意。倘若他的本性与品德的正道有偏离，那么我们就要选用一种适合的方法去解决这个问题。这种偏离非由天性而产生，因此在教育中就应该去消灭这种偏离，或者来平衡这种偏离。不过我这篇短小的教育论文对于这一点无暇来做更详细的讨论。我并不是说要再做一篇论文来对所有的品德与不良行为做详细的讨论，去研究如何才能获得各种品德，如何才能使每种不良行为都有处理的办法，尽管我曾提出过几种最常见的错误，并且提出了与此有关的解决方法。

对于智慧，我的解释和普遍流行的观点一样，智慧能够让一个人干劲十足、充满动力。对于他的分内之事，他能处理得很好，并且能够全神贯注。这不是儿童能够达到的，是结合了天性上的善良、思想上的努力与经验才生成的。

在与儿童的智慧有关的事情上，我们最应该做的一件大事就是竭尽全力阻止他们变得狡猾，尽管狡猾能够对智慧做出模仿，但实际上与智慧相差最大的就是它。它就如同一只猴子，看上去像人类，但实际上并不是人类，因而也就愈发显得丑恶起来。

因为缺乏悟性，狡猾的人无法直接达成目的，因此就采用欺骗与计谋来达成自己的目的。他们只会因那些狡猾的计谋占上一次便宜，往后会一直吃亏，这就是狡猾的弊端。没有任何一种掩饰能够精细或者庞大到无法让人察觉。这世上无论多么狡猾的人，都做不到让人无法察觉他们的狡猾。一旦他们被人察觉后，所有人都会对他们心怀戒备，狡猾的人没有人信任。他们会受到全世界的反对与攻击。而明智、诚实、公正的人则不一样，所有人都会给他让路，他想做的事可以直接去做。

应该让儿童养成获得事物的真实观念的习惯，他们如果没有获得就不会满足；对于虚伪以及包含了大量虚伪的狡猾人物，不要让儿童接触。应该让儿童把精神都用在那些具有价值的伟大的思想上，这才是对儿童的智慧所做的最适宜的准备。

至于其他的，则离不开时间、观察与经验的加持，而且对于别人的计谋与气质，要熟识后才能学会，那些粗心的、无知的儿童，或者那些轻率的、急躁的青年是不具备这些条件的。就如同我曾经说过的那般，在还没有成熟的年纪，他们所能做的就是让他们养成真实、诚笃的习惯，让他们服从理智，并且能够尽量对自己的行为做出反省。

良好的礼仪是一位绅士应具备的美德。礼仪不良分两种：一种是羞怯忸怩，另一则是轻慢和不知检点。只要对以下规则好好遵守，就可以避免这两种情形，即：既不要轻视自己，也不要轻视别人。

这条规则的前半部分，意思并非要变得不谦逊。对于自己，我们不应自我感觉良好，导致对自身的价值估计过高。我们不能因为自身具有某些长处，别人没有，于是就认为在对方面前，我们是有优势的一方。实际上，对于别人的给予，我们只应谦逊地去接受，这是我们本分内该做的。有些行为是我们职责所在，是我们该做的，别人也期待我们去做，那时我们对自己要有信心，不管面对的是谁，都不要惊慌，按照对方的身份与地位，保持对他们应有的尊重与距离。

有些人，特别是儿童，他们在长辈或者生人面前往往会表现出一副上不了台面的羞怯态度。他们在神态上、言辞上、思想上表现得非常糟糕，在紊乱中也失去了对自我的主宰，做不成任何事，哪怕是做了，也显得不够优雅，不够自然，无法得到别人的欢迎与喜悦。对于这种毛病，只有一种解决办法，就是和先前提到的处理其他问题的方法是一样的：让他们不断练习去养成一种相反的习惯。然而，如果我们不与陌生人及上流社会的人士接触的话，我们就没有办法去习惯与他们交谈，对于解决礼仪不良的毛病，唯一有效的方法就是多结交朋友，与我们上述提及的人多相处。

我们上述所说的都是在别人面前，我们对自己的行为太过注意。而不良的礼仪还有另一个方面，即面对那些我们必须接触的人，我们太不在意他们的好感，表现得太不尊重了。想要避免这样的状况，必须做到两件事：第一，必须有一个对待别人不愿得罪的心情；第二，具有将最受欢迎与最能取悦人的那种心情表现出来的方法。那种心情，人类具有了就叫作有礼貌；那种方法，人类具有了就叫作得体。后者是指容貌、言辞、声音、姿态、动作及与整个外在的举止都要表现得大方优雅，让我们能够获得朋友的好评，能够使与我们交谈的那些人感到高兴与舒适。这其实是一种身体语言，能够表达出内心的礼貌，与其他语言一样，都是以不同国家风俗与习惯为转移的，主要通过对那些有教养的人进行观察，从他们的言谈举止上来学习。

至于前者，则是在外表当中的，是对所有人表达的一种普遍的尊重与友好，能够让一个人在举止上不要对别人轻视、不尊重，或者不理睬，让他能够按照他所在国家的习俗与方法，按照别人的地位与身份，在态度上表现出一种对别人的重视与尊敬。这种心情是表现在举止上的，让一个人无论面对的是谁，都不会让对方感到不安。

玩具也应被重视

我认为玩具是儿童应该拥有的，而且他们的玩具应该各式各样。但是他们要处于老师或者其他人的监督下，一次只可以玩一种，倘若第一种没有归还，那么就不可以得到第二种。这样就能够让他们尽早仔细起来，不再弄丢或损毁自己的东西了。倘若那些种类繁多的玩具，你允许他们自己保管，那么他们就会毫不在意，这无异于让他们养成浪费的习惯。玩具不过是小事，或许无须老师去操心。然而，所有与儿童心理形成有关的事情，都是不可忽视的，所有与儿童养成习惯有关的事情，老师都应当去留意，去关注，因为这些都会给儿童带来很大的影响。

除此以外，还有一件与儿童玩具相关的事情，需要引起父母的重视。那就是，哪怕儿童的玩具有好几种也无妨，但是我认为玩具是绝对不可以通过购买获得的。

不购买玩具的话，他们就不会像大多数的情形那样——因为玩具种类繁多，而养成一种喜新厌旧、贪心的心理；尽管不知道自己缺什么，却对自己拥有的始终不满足，总想要获得更多的东西。

有些人想要讨好有地位的人，于是就给他们的子女送这类礼物。其实这种做法对小孩子的危害很大。几乎在能说话以前，他们就这样学会了贪婪、骄傲和虚荣。有这样一个孩子，他的玩具种类繁多，他总是被那些丰富的玩具吸引。他习惯了如此丰富，一直认为自身拥有的还不够，他总是会问：还有什么吗？还有什么新鲜的玩意儿可以给我？倘若一个人的欲望不大，那么他这一生都可以踌躇满志，快乐生活。

“既然他们的玩具都不能是通过购买获得的，那么在你看来，他们又该从哪里才能获得玩具呢？”对于这个问题，我的回答是，他们要自己去制作玩具，至少也要尝试去为此努力。在这之前，他们不能有任何玩具，他们也不能要任何精致的玩具。哪怕是一张纸、母亲的一串钥匙、一颗圆润的小石头，或者任何不会伤害到他们自身的东西，在年幼的孩子眼中都是好玩的，而且完全不输给那些花大价钱从商店里买回来的东西，那些奇怪的玩意儿玩一玩就会坏掉、破掉。

儿童如果不是对某种玩具习惯了，那么在没有这种玩具时，他们也不会感到不开心或者无聊。他们年纪小的时候，不管玩什么都可以，等他们年纪略大后，如果没有人那么讨好地花钱给他们买玩具，他们自己就会去制造玩具。他们一旦自己有了想象，想要亲自动手去制作，那么就应该给予他们帮助与指导。但是他们倘若只在那里懒洋洋地坐着，希望从别人那里获得，自己却不打算动手制作，那么他们就不应该得到任何东西。倘若他们遇到困难时，你能够给他们提供帮助，那么这远比给他们买那些价值不菲的玩具更能赢得他们的喜爱。有些玩具，他们没有能力制造，做起来又费力气（比如陀螺、毽子板、鱼钩之类），所以应该给他们准备。不过要尽量少给。他们如果有一只陀螺，那么就应该让他们自己去制作抽陀螺的皮带和棍子，让他们自己组装。他们如果只是在那儿干等，什么都不做，那么就不可以让他们获得这些东西。这样可以让他们养成一种好习惯，他们会凭借自身努力去获得自己需要的东西。他们从中能学会专心、努力、节俭、创造、动脑思考、减少欲望等特质。这些特质，他们长大以后很有用。因此我认为，根基不厌深，学习不厌快。

对于儿童来说，所有的娱乐与游戏都应有一个目标，那就是培养良好的、有益的习惯，否则只会养成一些不好的习惯。不管他们做了什么事，都会在幼小的心灵中留下些许印象，从而使他们要么养成好的倾向，要么养成坏的。对于一切能够带来这种影响的事情，都要给予重视，不应忽略。

Chapter 4 /

如何制止孩子的坏习惯

优秀的
父母

儿童品德不良的几种表现

前面所述几种社交上的品德是最基本的也是最受人欢迎的，然而以下这些不良品德则完全不同。一般而言，就是这几种不良品德当中的某一种导致了儿童的坏习惯。为了使儿童不会受到它们的负面影响，或者能够挣脱它们的不良影响，我在此要把他们一一列举出来。

粗暴

首先是生性粗暴，这会导致一个人对别人没有礼貌，对于别人的脾性、倾向或者身份地位不知道尊重。这是粗野鄙俗之人的真实标志，他们对于什么事情能够使与他相处的人感到高兴，什么事情会让那些人不愉快，全然不注意。然而你常会遇到一些打扮夸张的人，他们对于自己的脾气无限放任，任由它去冒犯周围的人，横冲直撞，对别人的看法完全不理会。这是一种兽性，所有人见了都会觉得可怕，任何人都做不到与其和谐共处。那些希望自己在别人看来还有一点礼貌的人，不会让粗暴因子出现在自己身上。让原本的顽固变得柔顺起来，让一个人的气质变得温和起来，让他去尊重他人，让他与别人能够合得来，这些本就是礼仪的目的与作用。

轻蔑与嘲笑

其次是轻蔑，或者说对人缺乏应有的尊敬，并从面部表情、姿态或者言辞上体现出来。不管是对谁表示轻蔑，都会令人感到不安，因为没有人愿意被人瞧不起。

嘲笑别人，这是直接与礼仪对立的。人们犯了错，或者实际上根本没有犯错，他们都不愿意被人当面或当众宣布出来。不管是什么人，只要有了缺点，就都会为此感到羞耻。一旦缺点被人察觉，人们总会为此感到不安，哪怕他只是被人怀疑了一下也会如此。

在宣扬他人的过错上，嘲笑无疑是一种“最巧妙的手段”，因为嘲笑往往用词不伤人，言语生动，还会令在场的人感到有趣，于是人们普遍就会生成一种错误观念，认为它只要适当的话，就不会不礼貌。所以，这种带有取笑意味的谈话方式是那些社会地位相对比较高的人也爱采用的。大家都爱听这种人说的话，站在他们身旁的其他人也往往会用笑声来给他们捧场。其实他们应该思考一下，在场的其他人，他们的快乐是从被他们嘲笑的当事人身上得来的，被嘲笑的人怎么可能不会感到不安？除非他被嘲笑的事情实际上是非常值得赞扬的。

处于这种情况时，嘲笑中那些令人愉快的比喻与描述一方面是在开玩笑，另一方面也是在赞扬，对于被嘲笑的人来说，也是有好处的，他也可以加入欢乐的行列。不过这件事很微妙，做起来并不容易，稍不留神就会把一切搞砸，不是所有人都能对此正确使用的。因此我认为，所有不想让别人恼怒的人，特别是所有的年轻人，对于别人，都应避免采用嘲笑的方式，因为哪怕是一点小错误，或者走错一小步，都会令被嘲笑的人感到不安，会在他们的心中留下一个长久的印记，他们会认为自己做了该受责罚的事，所以才会受到别人尽管有趣，但实际上尖刻的嘲讽。

反驳

除了嘲笑，还有一种刁难别人的方式，那就是反驳，反驳往往也会暴露出礼仪不良这方面的毛病。尊重他人，并不是要我们对于别人所说的一切话语及别人所做的一切推理都要无条件地接受，也并不是要求我们不管听到什么，都任由它过去，绝对不开口表达自己的意见。真理与宽容有时也要求我们去对别人的错误做出矫正，对别人的意见提出反对，只不过我们在这么做的时候应当非常小心，要注意不可违背礼仪，要注重仪式。

不过，你只要看到有些人就会知道他们就是喜欢反驳，对于是非对错他们不闻不问，总爱针对某一个人来反对，更有甚者会对在场的所有人表示反对，对于他们所说的任何事情，他都会做出反对。这显然是一种极为荒谬可笑的刁难方式，听到的人都会感觉自己受到了伤害。

反对别人，容易被人视为责难，人们遇到这种情况，大多会感到委屈，因此在说话的时候措辞要尽量委婉，态度要最为温和，要拿你的整个行为来表明你并非在责难他。你同时应尽可能地表现出你的善意与尊敬，这样的话，我们如果赢得了争辩的胜利，那么也不会失去对方对我们的尊重。

刁难

违背礼仪的另一种表现就是刁难。刁难通常会伴随不适宜的、令人生气的行为和言语，或者在我们生气时，对于对方的无礼，我们所做出的一种无声的抗议与谴责。任何人都会因为这种怀疑或者暗示感到不安。生活中一旦有一个爱生气的人在场，人们都会感到不愉快，融洽的氛围就会因此烟消云散。

人类不断追求幸福、收获快乐，因此很容易就会明白，有礼貌的人为何会比有用处的人更容易受人欢迎。一个人即便是有价值的、重要的，也拥有真诚和善意的能力，这些优点也很难抵消他固执的一面所带来的沉重的不安。

人们之所以看重财富与权力，甚至品德本身，是因为这些能增进我们的幸福。有的人在帮助别人时态度不好，因而让别人感到不安，从对方的幸福角度来看，他是不会受人喜欢的。任何一个人，只要他知道怎么做能够令对方感到舒适愉悦，同时又不会降低自己的身份，不会显得奴颜婢膝，那么便可以认为他掌握了为人处世的诀窍，无论在哪里，他都会得到别人的重视与欢迎。因此对于儿童来说，他们需要特别慎重养成习惯的第一件大事就是礼貌。

礼节烦冗

还有一种错误也属于违反了良好的礼仪，那就是礼节过于烦冗，偏要强行对别人使用那些过分的，让对方为此感到窘迫或者愚蠢的礼节。这种情况，看似在尊重对方，实际上更像是在嘲讽对方，至少会让人有一种争强好胜的感觉，绝对不是什么好的礼仪，只会令人讨厌罢了。

良好的礼仪，其目的和作用只有一个，那就是令与我们来往的那些人感到满足与舒适，除此以外，再没有别的。儿童很少会犯这种过错，不过他们一旦犯了，或者有要犯的倾向，那么就应该把这种道理告诉他们，并做出警告，告诉他们不可以有这种错误的礼仪。在与人来往的时候，他们的目标，以及他们应该努力的方向，是对每一个人都能恰到好处地展现出一种正常的尊重与礼节，以此来表示出自己的善意、尊敬与重视。你想要达到这种境界，又不会被人怀疑是卑鄙、谄媚或者伪善，这实际上需要一种很厉害的技巧，唯有理智、练达和优秀的朋友才能学会。不过，在社会生活中，这种技巧实际上是极为有用的，因此非常有学习的必要。

尽管这些方面做得好，就会被称为有教养（仿佛这是教育所带来的特有效果一般），但是不应让儿童因这些而倍感烦扰。倘若你能够尽力教导给他们善良和谦逊的品性，那么也就不会缺乏这种礼貌了。实际上，礼仪只是一种谨慎的表现。在交往中，无论是对谁，都不应表现出任何的轻视。而在之前，我们已经谈过那些最容易被重视、被认可的表现方法。世界上的每个国家，它们的礼仪都各不相同，各有特色，就如同它们的语言那般。因此，只要我们能够正确思考，那么就会明白，对于儿童来说，教导他们与礼仪有关的规则和言论是无关紧要的，这就好比要一个人去学习几条与西班牙语有关的语法，然而这个人却只和英国人有往来，显然这么做是没有什么用处的。你可以尽情地对孩子进行礼仪有关的教导，然而他的朋友是什么样的仪态，他就会是什么样。也就是说，他并不会比与他日常交往的那些人在言谈举止上表现得更有礼貌。因此，在他还没有到需要请一位老师的年纪之前，对于这一点没有什么可行的办法可以干预。而且对于日后给他做老师的人，务必要找一个教养良好的。

我强烈建议，禁止儿童去做所有顽劣与骄傲的事情。倘若你能教导他们去尊敬别人，去爱别人，那么等他们到了年纪所需之时，他们就能够按照日常所学的方法，去获得别人的欢迎。至于他们的言谈举止，之前提到过，等到了合适的时候，一位舞蹈老师就能够教给他们最适宜的姿态。

因为儿童年幼，所以通常人们并不希望他们对于这种礼节过于注意。就像成年人应该明白如何寒暄客气一样，儿童大可以放松一些。尽管在世上那些仪态极为优雅的人看来，这是一种错误，可我还是认为对此大可不必介怀，应当交由时间、老师与实践来纠正。因此我认为这不值得你去责备或者干涉你的孩子（儿童为此受到责备与干涉是常见的）。但是，他的行为中一旦有顽劣或者骄傲的因素，那么就应采取措施来消除，对此可以使用劝说或者羞辱的方法。

插嘴

虽然不可以让儿童在礼仪上因为繁文缛节受到严重的困扰，但是对于年轻人来说，有一种情况是不礼貌的，倘若不尽早加以约束的话，很容易就会发展为不好的结果。这种不礼貌的行为就是，当别人正在说话时，他习惯去插嘴，把别人说的话打断，去反对别人。

我不确定是不是因为好辩的风气导致儿童认为，善于辩论就代表有学问、有才能，他们认为对于知识的唯一证明与标准就是辩论，因此他们喜欢找机会就纠正别人的谈话，对于任何能够表现自己聪明才智的机会，他们都不会放过。我知道在这方面，学者普遍饱受责备。在别人说话的时候，最大的冒犯就是插嘴。在还不知道对方要说什么的时候，我们就去回答，这么做就算不是愚蠢鲁莽，也是在明确地告诉对方：我们已经对他所说的话厌倦了，不想再听他说话了，他所说的话，我们没有一丝一毫的重视。我们认为在场的人并不愿意听，因此就要让所有的人来听我们的，我们说的话才值得他们去听。

这其实对人是一种极大的不敬，会令人恼怒。然而只要是插嘴，基本都有这个意思。倘若像普遍的情况那般，在插嘴后再去对别人的错误做更正，或者是对别人所说的话表示反对，我们就这样好为人师地打断别人的话，把纠正别人说的话或者证明别人的判断是错误的，当成自己所承担的一种责任，这其实更多的是在展现我们的自负。

我的意思并不是说谈话的时候不能在意见上有分歧，也不是说不能去反对别人的言论；这会把社交带来的最大好处给消灭掉，让人无法从聪敏的朋友那里获得进步。有才智的人，他们相互争辩，可以对事情的各个方面与各种可能性做出解释，倘若第一个人说完后，其他人对他必须表示赞同，必须按照他的意思说，那么就会失去这种好处。

我反对的并不是不可以与别人有相反的意见，我反对的是那种表示不同意见的态度。对于年轻人，我们应该这样教导他们，他们不可以中途插嘴打断别人的话，除非有人询问他们的看法，或者别人的话说完了，没有人再说话了。

在说话的时候，他们不可以表现得像是要教训人一样，而是要采用请教的态度。尽量不要表现出傲慢的神情与固执的态度，只有在场的所有人都不再说话的时候，他才可以抓住机会把问题谦逊地提出来，去向人学习。他们的才能不会因为这种适宜的、有礼的态度被掩盖，他们的理由也不会因此被减弱力量。这么做反而能够使他们获得更多关注，他们说的话也会获得更大的关注。

倘若用这种方式来提出一种普通的辩词或者一般的观察，再加几句对别人的意见表示尊重的话，那么就能够使他们获得更多的荣誉，也会让他们更加被人看重。作为技巧，这是最敏锐的；作为科学，这是最深刻的。说话的时候，如果态度傲慢、粗暴或者聒噪，那么远不能带来这样的结果，因为如果用这种态度说话，听到的人会为此感到厌烦，那么哪怕他辩论赢了，在别人心中，他的印象也是不好的。

争辩

大人们对于儿童的争辩行为要多加留意，从一开始就要阻止，要让他们在日常交往中养成良好习惯。喜欢多说话，喜欢大声争辩，喜欢在辩论时插嘴，这些现象在成年人身上屡见不鲜，因此应当尽早做好预防。

西方人认为印度人野蛮，然而与西方人相比，他们谈话的时候更为客气有礼，他们相互安静地聆听，等别人说完话以后才平静地回答，整个谈话的过程中，他们不会吵闹，也不会感情用事。倘若对于这一点，我们这么文明的地方还做不到的话，那么就要归咎于我们的教育对此不够注意了，我们身上的这种原始的野蛮还没有被我们的教育改正过来。

倘若在一间屋子的两边各坐着一位有身份的贵妇人，除了她俩以外，在场还有不少人，她们两个有不同意见，于是两人争辩起来，她们争得很厉害，两人一边争辩一边渐渐把椅子向前移动，没多久两人就一起站到了屋子正中央。她们就站在那里激烈地争论，活像斗鸡场上两只斗得热火朝天的公鸡一样，在场的其他人都忍不住发笑，可她们对此全然不在意。你难道不认为这种情景很可笑吗？

这是一个有身份的人告诉我的故事，他目睹了这场争辩，他对此记忆深刻，尤其是深深记得人们在激烈争辩时很容易表现出的那种非常不客气的态度。而这种不客气的态度之所以会出现往往是因为习惯，所以教育对此更应做好预防。

尽管人们并不介意自己有这种毛病，可当看到别人也有这种毛病的时候，他们却会感到讨厌。对于自身具有这种问题，有不少人是知道的并且下决心改正。然而这种不良的习气，是因为他们的教育疏忽所致，他们已经习惯了这么做，到最后都无法改正。

倘若仔细思考一下前文我们所提到的与周围人有关的话题，那么我们就可以从中得到更大的启发，我们会知道周围人能够给我们带来更深远的影响。交际在我们心中留下的不仅仅是礼仪和外表，影响更深远的是个人的气质。

细数世上的宗教与道德故事我们就会知道，那些大多数人宁可牺牲生命也要坚持的礼节与见解，其实不一定出自他们的理智，而是来源于他们国家的习俗以及普通人的日常生活。

我这么说只是希望你能够明白，对于孩子的生活来说，朋友在各方面的关系都重大，你在各方面所能做的，远没有朋友能够带给他的影响要大。因此你应做好准备，提高重视。

如何面对儿童的谎言和借口

有这样一种极为简单的方法，它能够掩盖所有不好的行为，而且在各色人群中都颇为盛行，那就是说谎。人们在各种情况下都会说谎，想要让儿童不注意到这点是很难的。因此，大人们稍不留意，他们就能学会说谎。

然而说谎是极坏的一种品质，它包庇了众多的恶劣品德，是万恶的根源，因此应当让儿童从小就对它极端厌恶。一旦在他面前提到了说谎这件事，那么你就要一直表示出深恶痛绝的姿态，将其视为一种与绅士的品格和名声绝不相符的品质。

说谎是一个人最可耻的标记，它让人沦落至卑贱的位置，与那些极可怕的恶棍、极卑鄙的人类混为一列，任何稍有声望的人都无法忍受自身染上说谎的嫌疑。所有在社会上稍有名声的人，所有想与上流社会的人有往来的人，全都无法忍受说谎。

当发现儿童说谎时，你不能像对待普通的过错那样去责备他，你要表现出一种惊愕来，最好将它看成是他身上发生的一件令人极为惊讶的古怪事。倘若他还是不能就这么停止说谎，并且以后还会再犯，你就要对他狠狠地斥责，让他感受到父母以及所有知道这件事的人都对此极为不满。倘若这么做还是没有起到作用，那么你就要采用鞭笞了。因为在受到警告之后，他如果还故意说谎，那么就说明他顽固不化，对此绝不可以不加惩罚就那么轻轻放过。

因为不愿被人知道自己的过错，所以儿童也会给自己找借口。这是一种和虚伪类似的毛病，而且往往会造成虚伪，所以不能对此放任。解决的方法还是一样的，利用羞辱法要比利用粗暴法更好。

倘若你问他什么事情，他最初回答得吞吞吐吐，那么你就要对他严厉警告，让他把真话说出来，他如果还是支吾搪塞，那么就应该对他采取惩罚。不过他要是直接坦白交代，你就要表扬他的诚实，原谅他的过错，不管他犯的什么错，都要原谅他，以后不要再提起，也不要再为此去责备他。

你如果想要让他喜欢坦白，并且经常坦白，养成这个习惯，那么你就不可让他因为坦白而产生任何细微的不安，对此你务必要留意。另一方面，如果他自己坦白了，那么你不但以后不能因此去处罚他，而且还应称赞他，对他表示鼓励。

倘若你不能证明他的搪塞里有虚假的成分，那么你对此就不可表现出一丝一毫的怀疑，你要把它当成真实的。你要让他能够在你的面前尽可能保持最好的名誉，因为如果他知道自己的名誉有损，那么你就会失去一种很重要的支配他的方式。因此你要在能够避免且不会对他说谎造成鼓励的范围内，让他在你面前不要认为自己是个说谎的人。他说的话如果与真实的状况有些许不同，是可以忽略的。

然而，倘若他说谎了并且受到了惩罚，以后他如果又犯了，你对此是绝不能原谅的。因为曾经禁止过他犯这样的错误，那么他是完全可以避免的，他再犯这个错误就说明是故意为之，是彻底的顽固，应当用解决顽固的手段去惩罚他。

品德是重中之重

关于如何教育一个小绅士，以上就是我所能想到的普遍方法。虽然我认为这些方法可以多少影响到他的整个教育历程，但是我并不认为我已经对各个年龄层或者特殊脾性上所需要的事情都做了详细说明。不过，大概了解了一下全貌之后，对于教育的各个环节，我们就可以进行相对仔细的考虑了。

我认为关注孩子教育的每一位绅士，他们为孩子考虑的事情，除了留给他多少财产以外，余下的还应该包含品德、礼仪、学问、智慧这四件事。而这四件事当中，有时有些名目代表的事项是不一样的，有时它们又是彼此相互包含的，这里暂且忽略这些。现在我采用的方法只不过用了这些字眼，我假设这些能足够清楚地让大家理解我的意思。

在我看来，品德对每个人来说都是排第一位的，是最不能缺少的。如果他想被人重视，被人喜欢，自己也能产生喜悦，那么品德就是必不可少的。我认为一个没有品德的人，永远都不可能获得幸福。

孩子不爱学习怎么办

儿童有时会表现出一种与好奇截然不同的特质，变得不关心任何事情，对什么都视而不见，对日常的学业也只是在糊弄。我认为这种懒散的性格，对儿童来说是最糟的一种特质，倘若它出自本能，便是最难处理的。

不过，对于这种情况，我们应谨慎地做出正确的判断。初次疑心孩子懒散时，父母要仔细观察，看他是不是做所有的事都表现得漫不经心、毫不在意，还是说他的懒惰与拖延只表现在个别事情上，对待其他事情是积极努力的。

尽管我们知道他不认真读书，而且浪费了大部分的读书时间，但我们还不能得出这样的结论，认为这是他性情懒散的缘故。也许那只是一种孩子气，他觉得做某些事远比读书要更有意思，他读书是被迫的，所以对于书本，他自然也就不会喜欢。

倘若你想完全弄明白这当中的真实状况，那么你应该在他恣意玩耍的时候去观察，而不是在他读书时。你看他是不是积极忙碌的，看他对某件事情能不能去做计划，能不能认真地去做，一直去努力实现它的目标，还是说他只是得过且过。倘若他只有读书的时候才会表现出懒惰来，那么我认为这也许不难解决。倘若性格才是根源，那么想要解决好这个问题就必须多花费一番功夫才行。

倘若发现他利用学习的间隙玩游戏，或者做他喜欢的事情时他充满热情，那么你就会清楚他自身并不懒惰，而是因为觉得书本没有意思，他才不愿努力、不去上心的。那么，你应态度和善地想办法告诉他偷懒的坏处，以及偷懒是多么愚蠢的一种行为，原本给他娱乐用的时间就这样被耽误了。

你要注意在说的时候一定要保持和善与平静的态度，一开始只对这种普通的道理做简单说明即可，不必说得太多。倘若这种方法能够见效，那么你便是用了最恰当的方法，你凭借爱与理智实现了目的。倘若这种相对温和的方法并没有起作用，那么你可以嘲笑他，在周围没有不熟悉的人的时候，那你可以坐下来问问他，当天的事情完成得如何，倘若他在该完成的时候没有完成，那么你便可以公开宣布这个事实，以此来嘲笑他，然后他才会因为不好意思而去改正。但过程中不可夹杂对他的指责，只可以稍微冷淡地对待他，直到他彻底改正为止。孩子的家人、老师，以及他周围熟悉的人都可以用这种方式来对待他。倘若这种方法没有带来你想要的效果，那你就告诉他不会再有老师来教他了，而且花钱请老师来陪他一起无聊地打发时间这种事你也用不着再做了。既然他不喜欢书本，反而喜欢这些或者那些（不管他喜欢的游戏是什么），以后他就只要专心去做那些游戏好了。对于他所喜欢的游戏，你要极力催促他去做，让他不管早晚都要认真去做，直到他觉得足够了，他更想换换口味，肯去读几个小时的书才算结束。

不过你这样让他像工作一样去做游戏的时候，你必须亲自监督他或者派人监督他，要让他一直不间断地去做，不能让他有偷懒的机会。至于我为什么让你亲自去监督，那是因为不管父母有什么事，在孩子身上花上两三天的工夫把他这种在学业上懒散的大毛病治好是值得的。倘若懒惰的根源并非他的性格原因，而是他对上学的一种特殊的憎恶心理（对此你应用心分辨与考察），那么这便是我的建议。

尽管你可以观察他——看看在那些可以自由支配的时间里，他到底在做些什么，但是你在观察他或者让别人观察他这件事，不可以让他知道。因为他对嗜好的追求会因为这种观察而中止，他的心中明明装满了那种爱好，但出于对你的畏惧，他不敢去做。所以他表面看上去，好像对这些事漠不关心一样，实际上那件事一直在他心里，只是他出于畏惧不敢去做。

所以，你对他的观察，要在他没有因为觉得被人观察而感到拘束时进行。当他如这般完全自由时，你可以找个你信任的人，去看一下他的时间是如何打发的，在没有任何阻碍的时候，在能够放任自我的时候，他是不是还这么懒散。从这种他能够自由作为的事情上，你很容易就能分辨出他到底是因为厌烦书本，还是因为生性淡漠才不爱学习的。

倘若是他的天性问题，导致他精神消极，自然就会懒散淡漠，这是很不好对付的。这样的他总是不关心未来的事，没有远见与欲望这两大行动上的动力。想要改变这种别扭的、淡漠的脾性，关键在于如何培养他们的远见与欲望，并且使这两方面得到增进。

倘若他是这种情形，你知道后应立即仔细地观察他，看他是不是对什么都不感兴趣，你要寻找他最喜欢的事物。倘若你能发觉他心中有某种比较特殊的倾向，那么对于他的那种倾向你应尽可能去增进，让那种倾向激发他的动力，促使他为之努力。

倘若他喜欢被人恭维，喜欢玩乐，或者喜欢好看的衣服之类的东西，或者相反，他们畏惧羞辱、害怕痛苦，或者担心你不高兴，只要他喜欢的不是懒惰（懒惰是不可能让他去努力的），不管他喜欢的是什么，你都要以此来激励他，让他能够自己打起精神来。因为对于淡漠的性情来说，和别的不一样，不用担心把欲望培养得过多，因为欲望刚好是你希望他有的，你应尽可能地把它调动起来，并不断强化。倘若缺少了欲望，那么自然也就没有什么努力的动力。倘若通过这种方式，你对他还是不能完全支配，无法激发他的精力与行为，那么你就应该让他坚持长期做些体力上的劳动。也许这能够让他或多或少做些事情，能够培养出一种习惯。

原本让他努力学习有助于他养成使用智慧的好习惯，但这个内在的过程是旁人看不到的，没有人知道他到底有没有在偷懒，所以你应多让他做些体力上的劳动，让他能够常常去身体力行。哪怕那些体力劳动让人觉得有点羞耻，做起来有点难，也没什么关系。这样一来，他会对此更容易感到厌烦，能够让他想要重新回到书本的学习当中。然而当你想用书本来与他交换别的劳动时，你安排给他的工作与完成工作的时间务必让他没有机会去偷懒。只有这样他才能注意到书本，当他愿意去认真读书后，你才可以允许他在完成规定的学习任务后，从其他劳动中获得一点休息，以此来作为给予他的奖励。他越是能够坚持读书，你就越是可以给他减少这种劳动，等彻底治好了他这种不喜欢读书的毛病后，就可以彻底停止这种方法了

我之前就强调过，儿童喜欢自由，习惯改变，所以他们喜欢游戏。因此对于书本和其他我们想要他们学习的东西，我们不应作为一种任务强加在他们身上。而父母、老师对于这点往往很容易忽略。他们心中如果觉得什么事是儿童应该去做的，他们就急着让儿童去做，而

不是想办法引导儿童去做。但是重复给儿童几次教训后，他们心里很快就会清楚，他们会分清楚哪些事是别人让他们去做的，哪些事不是。倘若因为这种错误的方法让儿童对书本感到不适之后，等到那时你再想让他像看待游戏一样看待书本，已经来不及了，因此你就要使用一种相反的方法。你看哪种游戏是他最喜欢的，你就要强迫他去玩，而且要他每天玩上好几个小时，这么做是要把他当成必须完成的一项任务，而不是对于他不该玩游戏的一种惩罚。

不出我所料的话，用不了几天他就会厌倦这个游戏，他更想去读书，或者去做其他的事情了。当他做游戏的乐趣能够被读书或者别的事情替代时，他自愿拿出一部分游戏的时间去多读书，或者去做其他真正对他更有帮助的事时，那就更是如此了。我认为这怎么都比禁止他们游戏要更好（他的欲望反而会因为禁止而增加），也比用其他的方法去惩罚他们要更好。因为他的欲望一旦从你那里被过度满足后（除了饮食，其他事情都能这么做，不会有弊端），他会因此心生憎恶，以后你也就不必担心他再想去做那件事了。

通常，儿童对于懒惰都是憎恶的，我认为这很显然。他们那好动的性格应该时常用在有益于他们的事情上，这是特别要注意的一点。你要做的就是对于你想让他们去做的事情，你不能让他们当成一种任务，而是让他们能够将其视为一种娱乐。为了让他们察觉不到你在当中的支配作用，我提议找一些理由，强迫他们去做你不愿意他们做的事情，直到他们再也不想做了为止，从而让他们对那件事情彻底厌倦。举个例子，如果你的孩子非常喜欢抽陀螺，那么你就强迫他每天都要多抽好几个小时，而且你要督促他去做，然后你就会发现，很快他就会对抽陀螺厌倦了，宁愿不要再去抽。

凭借这种方法，你可以把自己不喜欢的娱乐当作他的一种任务，那么对于你想让他做的事情，他自己就会高兴地去做，倘若他们做了你命令他们去做的游戏，你再把你想他们做的事情当成给他们的奖励，那么他们对此会更高兴。例如，每天都要求他去抽陀螺，在他还不曾彻底厌倦前，不允许他停下来，而此时你如果应允他，当他按照要求的时间认真抽完陀螺后，可以把读书作为对他的奖励。你可以想一下，他还会不想读书，不认真读书吗？

儿童只要有事可做，他们做的事只要与他们的年龄相符合，那么对于儿童来说，要做的事情本身并没有太大的区别。他们从别人那里学会把一件事看得比另一件事要更重要。因此，但凡别人奖励给他们的东西，他们就当真看作是奖励。凭借这种方式，老师就可以酌情考虑，到底是把跳房子当作跳舞的奖励，还是反过来；抽陀螺和读书，让他们更喜欢哪个；让他们喜欢掷球，还是喜欢钻研地理。儿童需要的只是有事可做，做那些他们以为是自己选择的事，他们以为那些是父母、他们敬重的人奖励给他们的事。在这样的安排下，我相信面对读书、写字及其他大人们希望他们去学习的事物时，那些没有被不良榜样影响的儿童，都会快乐并且充满热情地去做。这与那些喜欢玩游戏的儿童是一个道理。等养成了习惯后，通常阻止不了他们玩游戏，也阻止不了他们去读书。

儿童间的争吵与慷慨

儿童总爱在一起互相竞争，分个高下，喜欢按照自己的意愿去支配别人。但凡有谁发起了这种竞争，那就必须受到惩罚，而且要尽可能让他们彼此都学会礼貌、谦顺与周到。若他们知道自己会因为具有这种美德而受到别人的重视、尊敬与爱，与此同时还不会对自己的地位造成任何损害，那么对于这种美德，他们就会更加喜爱。

儿童相互指责，揭露对方的缺点，通常都是些报复与愤怒的叫嚷，是想要得到别人的支持。对于这点，是不可以听取的，也不可以出于善意就接纳。他们的精神因为叫嚷、诉苦而变得脆弱。如果对于别人的阻遏或是其他痛苦的事情，他们有时能够忍耐，也不会觉得忍无可忍或者奇怪，那么就应尽早学会忍耐，接受一些磨炼，这对他们没有任何的损害。

对于诉苦的那一方，大人们虽然不可火上浇油，但是你应注意制止其恶意。倘若事情是你亲眼所见，那么你就要当着被害人的面对其做出斥责，倘若举报的事情确实需要重视，为了避免再次发生，你应对施害的儿童单独斥责（不让举报的那一方看到），并让他去向受害方赔罪。这样一来，这种赔罪似乎是他自愿去做的，那么他一定也会比较愿意去做，而受害人也会相对温和地接受他的赔罪，于是也就增进了两人的感情，孩子们彼此礼让的习惯也就显得更自然了。

有关事物的获取与占有，你要对他们进行教导，让他们能够一点儿也不为难，不吝啬地去跟朋友分享自己所有的东西。要让他们在教训中明白，最慷慨的人往往是最富有的，而且还会受到别人的称赞与敬重，然后他们很快就会按照这个样子学着去做。与立给儿童的那些与礼仪有关的许多规则相比，这种办法要更好些，不仅不会把儿童弄得头昏眼花，反而能够使他们对彼此更有礼貌，并且能够用同样的方式去对待其他人。

除了我们需要的事物，我们还想占有更多，支配更多，这是因为贪婪，这是万恶的根源，应尽早小心地铲除。而与贪婪相反，那种对别人愿意慷慨赠予的美德，则应大力培养。应该利用名誉与称赞对儿童多做鼓励，应时刻留意，不要让他因为慷慨而蒙受到什么损失。他做了任何慷慨的事，每次都应获得更丰厚的回报。你要让他明白，对人慷慨他并不吃亏，而且得到好处的人，还有旁观的人也都会对他好。

你应让慷慨作为一个目标，让儿童乐意去做。这样，经过不断地练习，儿童能够把自己所有的东西给予别人，且不会觉得为难。他们敦厚的习惯养成了，他们将对人有礼貌、和善、慷慨视为一种快乐，认为这是值得骄傲的。

虽然慷慨值得提倡，但我们还应格外留意，不能让儿童做出不正确的行为。无论何时，他们只要做出这种行为，我们都应进行纠正，必要的话可以严厉地责备他们。我们一开始的行为更多是受到自爱的支配，较少受到理智与反省的支配。因此，儿童做事往往容易偏离是非的正确标准。这也没什么好奇怪的，这种心理上的标准实际上是理智与认真反省带来的进一步结果。对于这种标准，他们越是容易弄错，就应该对他们越是严格地去做防范。对于如此重要的社会规则，细节上只要有一点问题（哪怕是最无关紧要的、最轻微的事情）都要提高警惕并纠正。一方面，这是对他们的无知进行教导，另一方面，则是预防坏习惯的养成。因为哪怕是芝麻大点儿的小事，倘若放任它发展，那么就很可能发酵成更大的危害。不管是哪方面的有违公道的倾向，当儿童第一次流露出来的时候，父母与老师就应对此表示惊愕，并且去克服这种倾向。但是在儿童还不明白什么是财产，以及某些人的财产是如何获得的时候，对于所谓的不公道，他们其实还并不怎么明白。因此，要尽早给他们建立好诚实的基础，这是让他们做到诚实、不欺瞒的最安全的方法，这种诚实是建立在能够把自身所有或者所爱的东西慷慨地给予别人之上的。在他们的语言与理解力还没有明确理解什么是财产之前，在他们还不知道有些东西他们自己有主权而别人没有之前，就应尽早对他们展开与此相关的教导。

儿童很少会有奖品以外的东西，而奖品大部分则是父母给予他们的，在一开始就可以教导他们，让他们不自己拿东西或者收藏东西，只接受有权力支配东西的人给予他们的东西。等他们有了能力以后，再告诉他们其他与权力有关的规则和事例，告诉他们“我的”权力和“你的”权力是什么。

倘若他们不是因为错误，而是因为意志倔强做了不正确的事情，在温和的责备之后，依然不能改正这种不好的、贪婪的倾向，那么就应对他们采用相对粗暴一些的方法来进行矫正。而这种粗暴的方法只可以是父母或者老师夺走他们心爱的、认为是自己所拥有的东西，或者也可以命令别人这么做。他们由此就会明白，倘若他们想占有别人的东西，违反了原则，那么他们是不会得到多少好处的，世上有太多人比他们更强大，更有能力。

倘若你能尽早防备，让儿童对这种可耻的行为感到厌恶与痛恨（我认为这是能做到的），那才是真正能够消灭这种过错的方法，没有什么能比这种方法更能预防不诚实的了。习惯产生的力量远比理智的力量要更长久，也更受用。在我们最需要理智的时候，我们鲜少会向它公正地请教，也就更不用说对它服从了。

孩子哭闹为哪般

对于儿童来说，哭闹这种错误是不可放任的。这不仅是因为哭声令人感到不愉快、不舒适，还是为了儿童自身。毕竟我们的教育目标是：为儿童着想。

儿童的哭闹通常有两种：一种是专横的、顽固的，一种则是伤心的、吵闹的。

第一，儿童往往是为了给自己争取优势而哭闹的，这种行为公开宣告了他们的顽固或者傲慢。当他们无法实现自身的欲望时，他们就会开始哭闹，想要以此来满足欲望。这是他们对自身要求的一种坚持，如果别人拒绝给予他们喜欢的事物，他们就认为自己受到了不公平的待遇，受到了压迫，他们就用哭闹来表示抗议。

第二，儿童有时候也是因为真的感到了痛苦和忧伤才哭泣的。

倘若仔细观察的话，那么从他们的神态、脸色、动作，特别是哭声的音调上，就能够很容易分辨出是哪一种哭闹。但不管是哪一种，都要注意不可使其受到鼓励。

所以，绝对不允许孩子发生任何出自愤怒或者顽固的哭闹。因为如果允许他们这么做，就无异于满足了他们的欲望，令他们感到满意，导致我们最应帮他们克服的那种情感反而得到了鼓励。

倘若儿童受到惩罚后就去哭闹，他们这样公然对惩罚做出反抗，那么惩罚的好处也就会被抵消了，他们反而会因为惩罚而越来越坏。倘若惩罚和管束不能使儿童克服意志，不能教导儿童克制情感，不能引导儿童去顺从父母理智所做出的指导，不能使他们以后也能服从自身的理智，那么这些惩罚与管束就是无效的，是使用不当的。

倘若儿童做事受到阻挠就跑去哭闹，那么他们会更加坚持自身的欲望，而且他们的坏脾气也会被助长，只要一有机会就要满足他们的欲望。他们以此公然宣布这份决心与权力。因此这也是一个反对经常使用鞭笞的理由。

对儿童使用鞭笞是极端的情况，一旦到了那个时候，只是鞭打他们已经不够了，要等到他们的心理被你攻克后，他们能够忍耐地、顺从地在惩罚面前屈服后，你才可以停止。至于他们是否真正屈服，他们的哭声会告诉你的。他们听了你的命令后，是否立刻停止哭泣，这就可以让你看个分明了。否则鞭笞只会使儿童在身体上受痛，只不过是针对他们的任性妄为的一种专制，儿童的心理成长不会从中获得任何好处。这根本不是惩罚，而纯粹只是残忍而已。

这便是为何儿童不可多受惩罚的一个原因。

惩罚儿童时，我们应是严肃认真的，而不是感情用事的。即不是凭着怒火一次惩罚完，而是在惩罚的同时要跟儿童讲道理，并且留意惩罚的效果如何。他们只要顺从了，悔过了，就可以不用再惩罚了。对于那些会被惩罚的过错，儿童会避免再犯，以后同样的惩罚也就很少被使用了。采用这种方式，并不会因为惩罚得太少而起不到应有的效果，儿童的心理一旦被影响到，有了进步，我们就应立刻停手。责打儿童，自然是次数越少越好，而想到达到这种标准，盛怒之下的责打可是很难掌握分寸的，往往是分寸过了头，效果却不够。

有不少儿童受到一点儿小小的痛苦就会哭泣，哪怕只是一点点的、轻微的伤害，他们也要叫唤与抱怨。不过这种儿童比较少有。因为啼哭是儿童在会说话以前能够对痛苦或者需求做出表达的一种最原始的方法，也是最自然的。人们怜悯他们那么小的年纪却在啼哭，然而却愚蠢地对此做出鼓励，导致他们在会说话以后还一直这么做。我不否认儿童受伤害时，照顾儿童的人有同情他们的责任，但是他们不应该去怜悯儿童，而应该尽力为他们提供安慰与帮助。儿童的心理会因为怜悯变得脆弱，他们遭遇到轻微的伤害就会支撑不住，于是他们对受伤的部分过于沉浸，也就使伤害扩大了。

对于一切苦难，尤其是那些身体上受到的苦痛，他们都应承受得住，能让他们得到怜悯的，只有真正的羞耻心与敏锐的自尊心所生发的事项。人生会遭遇到许多磨难，我们对所有轻微的伤害都无须太过敏感。

一件事情，我们的精神如果不会对它屈服，那么它留给我们的印象只是轻微的，给我们带来的伤害也是很小的。只有我们在精神上遭受了磨难，我们才会产生能够延续的痛苦。我们与罪恶及人生中的意外进行抵抗的最好武器就是精神上的这种坚强与心境上的无动于衷。通过练习与养成习惯能够获得这种性情，因此应该尽早开始培养。一个人如果在很小的时候就已经受到过这样的训练，那么这个人无疑是幸福的。

精神脆弱是能够预防或者治疗的。啼哭是所有我知道的事物中最能导致儿童精神脆弱的。因此，从相反的角度来看，阻止儿童啼哭是最能对儿童的精神脆弱起到预防作用的方法。他们因为摔倒感受到了轻微的伤害时，对于摔倒这件事你不应怜悯，而是应该让他们继续做该做的事。这样他们也就不会再啼哭，而且他们疏忽的毛病也会因此被治好，会避免再次摔倒，这比怜悯或者责备更有效果。

不管他们受到了什么伤害，你都应当让他们止住啼哭。他们这样就会安静些，对于他们的将来，也能起到锻炼心智的益处。

对于第一种形式的哭闹，必须采用严厉的方法让它停止。倘若眼色或者直接的命令也不能奏效，那么接下来就应该使用鞭笞。这种哭闹源自骄傲、顽固，以及欲望，因此应当让这种错误的意志根源屈服，使儿童变得顺从，而想要儿童顺从，那就应该采用一种能够严格控制它的方法。

而第二种哭闹通常是因为心理脆弱，这与第一种截然不同，因此应该用相对温和的方式来对待。一开始也许适合他们的方法是劝说，或者让他们把心思转移并关注到其他方面，或者笑话他们哭泣。不过，在此应该考虑到儿童的特性与事情发生时的情境。没有什么可用的规则是固定不变的，父母或者老师应该酌情处理。但我也可以做个总结，这种哭闹每次都应受人冷眼。父母应该将自己的威信一直利用起来，加重语气去阻止儿童哭闹。儿童的年纪越大，性子越刚强，父母的语气就可以越严厉，但也要有个度，只要他们能够停止哭闹，结束混乱就可以。

Chapter 5 /

如何让孩子学好知识

学习不可以成为儿童的负担

接下来，我要重申体罚的问题了。如前所述，家长不应该使用教鞭去对待属于儿童天性的那些行为，以及那些所有随着年纪的增长会有所改善的问题。如果把读书、学习、写字、外语和跳舞等也列到这个范畴中，那么在适宜的教育当中就很少会用到鞭笞或者体罚。让他们去热爱你想要他们学习的东西，他们便会自己去努力，这才是正确的教导方法。

倘若我们对待儿童的时候能够正确做到上述内容，并遵守下面几点原则，那么我认为正确引导儿童并不难。

第一，儿童需要学习的事情，不可以成为强加在他们身上的一种任务，不可以成为儿童的负担。不然的话，儿童马上就会厌恶它，哪怕他们原本喜欢那件事，或者既不喜欢也不讨厌，现在也会变得讨厌。

你可以命令一个儿童，让他在每天的固定时间去抽陀螺，只要抽陀螺成了他的责任，不管他喜不喜欢，他在你的命令下，每天都要在这上面花费很多的功夫。这样下去，你看他对所有的游戏是不是没多久就会感到厌倦？

其实成年人不也是如此吗？他们喜欢的事，只要变成了他们的责任，他们不也是立刻觉得无法忍受，感到厌倦了吗？

儿童也喜欢证明自己是可以自主做事的，他们希望人们能意识到他们是相对独立自主的，他们是自觉做出那些优秀行为的，他们在这点上的自尊和成人是一样的。至于这在你心中是怎样的，那并不重要。

第二，哪怕儿童在你的培养下已经对一些事情产生了热爱，但他如果不想去做的时候，你便不应强迫他做。人们就算是再喜欢读书、写字、音乐，他们在有些时候也会觉得做这些索然无味，倘若他在那个时候强迫自己去做这些事，那只是徒增烦恼。

儿童也是如此。对于他们脾性上的这种改变，你应当留心观察，对于他们产生兴趣的大好时机，你应注意捕捉。儿童倘若自身并不常有进取心，你应当劝说他，等他自愿了，再让他去做。对于一个思维缜密的老师来说，这件事并不难，他已经研究过儿童的性情，他把适合的理念传输给儿童，就如同他对自身所负责的工作充满热爱一样，那是很容易的。

这样的做法既省时又省力。儿童有兴趣的时候，学习效率能提高两三倍，而被迫去做的话，不但需要付出更多的时间，而且需要花费更多的精力。倘若对于这点有足够的重视，那么你就可以让儿童恣意玩耍，玩累了也无妨，他们还有充足的时间去学习不同年纪所需要学习的东西。

学问并不是最重要的

也许你会奇怪，我居然把有关学问的话题放在最后来说，对于我说的最不重要的就是学问，你也许会更加奇怪。一个“书呆子”说出这样的话来显然是稀奇的。哪怕人们为儿童操心的不完全都是学问，但学问还是占了绝大部分内容，学问是人们在谈及教育的时候几乎唯一能想到的一件事，因此我的说法也就让人更难以理解了。

现实是，为了那么一点希腊语与拉丁语，儿童竟然花了那么多的时间和精力，平白无故地惹来了许多忙碌与吵闹；父母依然离不开学校老师教鞭的帮助，教鞭依然被他们视为唯一的教育工具，仿佛教育的全部任务就是为了学会那么一两门语言一样。

人们普遍认为一名儿童在他最好的年纪里应当苦学一两门语言，哪怕花上七八年，甚至花上十年的工夫也在所不惜。而我却不这么认为，在我看来可以大量减少所花费时间与精力，这些完全可以在游戏中逐渐学习。

我不理解一个孩子为什么要被放到人群中，供人鞭策驱使，让他仿佛在鞭笞中度过各个年级，就是为了接受“天才的教育”。

也许你会质问：“你说什么？他不用读书写字？”

请淡定一些，在我看来，读书、写字和学问也是必需的，但它们并不是主要任务。

一个有品德、有智慧的人比一个大学者要更为珍贵。如果有人不这么认为，那么我想你也会和我一样，认为这个人是个大傻瓜。我认为对于心地善良的人来说，学问能够有助于品德与智慧的提升。同时我们也不得不承认，对于那些心地不太好的人来说，学问会让他们变得更愚蠢、更坏。我这么说是想告诫你，在为孩子寻找老师或者导师的时候，你的心中不要只想着逻辑学和拉丁语，希望你能站在培养孩子教养的角度来考虑这件事。

学问固然是该有的，但它排在第二位，只能用来为更重要的品质做辅助。你要给孩子找这样一位老师：对于你的孩子，他知道如何谨慎地培养他的学习态度，如何保持他的纯真，如何培养他的优点，如何温和地改正或消除他所有的不良倾向，如何让他养成好的习惯。这才是关键，我认为做到这点后，用我们能想到的方法可以极容易地获得学问。

避免把阅读作为一种任务

等儿童到了能说话的年纪，就应该让他开始学习阅读。不过在这里，有一件极容易被遗忘的事，我又要来叮嘱大家，那就是，你要极力避免把阅读作为一种任务交给他，也不能让他认为阅读是一种工作。我曾说过，打从年纪很小的时候，我们就热爱自由，这种热爱是再自然不过的。所以倘若我们会厌恶某些事情，那只会是因为那些事情是别人强加给我们的，除此以外，再没有别的原因。

我常常会有这样的想法，也许可以让儿童把学习当成一种游戏，视为一种消遣，可以打心底里认为学习这件事是光荣的、荣誉的，能够给我们带来快乐，或者把它看作完成别的事情之后的奖励。

倘若他们不会因为怠慢了学习任务而受到惩罚或者斥责，那么他们自己也会主动要求接受教导。下面这件事让我对这种观点更加深信不疑：在葡萄牙，学习、读书和写字在儿童间十分流行，他们彼此竞争着，根本无法阻止。他们互相学习，学得非常专心，就仿佛学习是被禁止的一样。

一次，我住在一个朋友家中，他有一个年幼的孩子，那个小孩子还穿着童装，想让他去读书很不容易（那个年纪，是由母亲在家中教导他读书的），我便建议他改变一下方法，不要让他觉得读书是他的责任。于是我们故意自顾自地谈论，让他能够听到，但表现得好像一点也没有注意到他。我们谈道："只有嫡长子和长子才有权利去当学生，他们读书后就会成为优秀的绅士，人人都会喜欢他们。而对弟弟们来说，能够接受教育则是一种恩赐，学习读书、写字本就不是什么分内事。”于是这个孩子果然被影响到了，从那以后，他自己主动求学。我相信类似这样的方法也可以用来对待其他儿童。

只要发现了儿童的性情所在，我们就能够让他们产生一些想法，让他们主动去学习，让他们像追求其他游戏或者娱乐一样去求学。然而，我之前有说过，不可以让他们把学习当作一种任务，也不可以让学习成为他们的一种烦恼。我们可以把字母贴在骰子和玩具上，在游戏时教儿童去认识字母。此外还有许许多多的方法，可以与儿童的特殊性情相适合，让他们把学习当成一种玩耍。

通过这样的引导，儿童就能学会字母，他们学的时候，只会以为是在玩耍，就这样在玩耍中就学会了，而其他人会去学习则是因为受到了强制。一切与学习或者严肃有关的事情，儿童都不可放到自己身上，不管是他们的身体，还是他们的精神，对此都承受不了。他们的健康会因此受到伤害。

我相信有不少人，他们一生都憎恶学问，憎恶书本。究其根源，他们读书时是被迫与被束缚的。这就好比吃撑了以后（对食物）的厌恶感一样，是无法消除的。

所以我认为，倘若能够这样利用那些普通的、没什么用处的玩具，那么我们可以想办法让儿童以为自己只是在游戏的时候去进行阅读的学习。例如，我们可以做一个玩具球，把球体分为32个面，如果能分成24面或者 25面那最好不过。然后把字母A粘在某些面上，字母B粘在另外一些面上，剩下的面分别粘上字母C和字母D如何？我建议你一开始只粘这四个字母即可，或者先只粘两个，等他学会了以后，再加一个，就这样一直加下去，让每一面都有个字母，到最后所有字母都粘到了球上。我建议由别人在他的面前来玩这个玩具球，可以打赌来玩，看哪个人先投掷出字母A或者字母B来。这就和掷骰子一样，看六点或者七点是谁先掷出来的，很有意思。

这个游戏先由大人们参与，不要儿童加入，否则对他来说，就成了一种任务。我希望他只把这个看成是年长者的游戏，这样他会自然而然地喜欢上这个游戏。为了让儿童将这种行为视为一种游戏的理由更充足，让他们觉得加入游戏是一件高兴的事，那么在游戏结束后，就要把球收好，不能让他随意拿到，避免儿童对此失去兴趣。你要让他对它充满热爱，你要让他认为这只是长辈们的游戏，等他凭借这种方法学会了字母以后，你就可以拿音缀换掉字母。他就这样在不知不觉中学会了读法，并且不会因此受到烦扰或斥责，也不会因为书本被苛待，不会因此产生对书本的憎恶。倘若你留意观察，你就会发现，儿童往往为了学习几种游戏花费很多精力，而如果是别人强迫他去做的，他们就会排斥那些游戏，就如同排斥任务与工作一般。

我知道一个颇有身份的人（与他的阶级和高贵的地位相比较，他的学问与品德更为受人尊敬），他在一枚骰子的六个面上粘上了六个元音（因为字母Y在他们的文字里也是一个元音），在另外三枚骰子上则分别粘上了余下的辅音，以此作为一种给孩子们的游戏：用这四枚骰子投出的字母拼写单词，谁拼出的数量最多，那么谁就赢了。彼时，他的长子还只是个穿童装的小孩子，就自己很积极地学会了拼读，从来不曾因此受到过一点责备，也从来不曾被强迫过。

曾经我看到过一些年轻的姑娘，她们想要让自己成为投石子的行家，她们连着玩了好几个小时，费尽了力气。我为此感到遗憾，心想可惜没有一种好的引导，能够让她们把这种努力用来去做其他对她们更有帮助的事情。在我看来，这完全是因为长辈们的疏忽所致，完全是长辈们的过错。

儿童没成人那么喜欢偷懒，倘若他们喜欢忙碌充实的性子不曾完全用在对他们有益的事情上，那么就要责备他们的长辈了。成人如果愿意付出哪怕一半的力气去引导孩子，那么日后孩子在做那些有益的事情时，通常也会觉得像是在做游戏一样快乐。

我猜以前葡萄牙一定有些聪明人，在他们的培养下，使儿童养成了一种习惯，在国内形成了风气，也就是我所说的，没人能阻止葡萄牙的儿童去学习读书和写字。还有法国的一些地方，那里的儿童从小就相互学习跳舞与唱歌。

在一开始，粘在骰子或者多边形物体上的字母全都不要用大写。这种字体，他只要能读了，用不了多长时间就能认识大写字母。在他刚开始学习的时候，不要有太多花样，免得他不知所措。你还可以开发出别的玩法，用它来赢得苹果或者樱桃之类的奖励。不过，我所说的用四个骰子的方法极为方便，而且也极有用，很难再找到一种比它要更好的方法，也就无须再找了。

再次强调，在儿童学习阅读的过程中，不要去责备他，也不要强迫他。你要尽可能地引导他去读书，不能把读书当作一种他必须完成的任务。与其让他因此憎恶阅读，你还不如让他晚一年学习阅读。

你不可以把认识ABC当作他的任务，强加在他的身上，你如果想和他斗争，那么你能与他争的也只有那些关系重大的事情，与真理和善良有关的事情。你要凭借技巧来让他的意志变得柔和起来，让他的意志能够服从理智。对于荣誉与赞美，你应教导他去喜欢，让他害怕被人轻视，特别是害怕你和他的母亲轻视他，之后余下的一切也就水到渠成了。

所以，倘若你想那样做，那么在无关紧要的事情上，你就不可立下太多规则来约束他，哪怕他犯下的一点点小过错在别人看来是个大错误的时候，你也不可去斥责他，对于这一点我已经说得足够多了。

在他用这种缓慢的方法开始学习阅读时，你要挑选一本简单、有趣而且与他的能力相符合的书给他，书中的乐趣能够促使他继续前行，能够对他读书时所耗费的辛苦给予慰藉。然而对于所选的书籍也要注意，不可选择那种装满华而不实的东西的书，也不可选择那种容易让他了解愚蠢与邪恶的书。在我看来，最符合这个标准的就是《伊索寓言》。《伊索寓言》中有一些故事，不但能够让儿童觉得生动有趣，而且还能够给成人带来一些思想上的启发。倘若这些故事他以后还能记得，他就不会为生活感到烦恼。倘若他看的《伊索寓言》中有插图，那就更好了，他会感到更加高兴，对于他的阅读来说这无疑是更好的一种鼓励，能够逐渐增长他的知识。倘若儿童头脑中没有相应的概念，只是单纯听别人说，那么这种与视觉相关的事物是不会起到作用的，而且也不能令他们获得满足。想要获得这种概念，只能通过事物自身或者事物的图像，不可能从声音中获得。因此我认为，应该尽可能在他开始学习拼音的时候，就给他提供全面丰富的动物图片，同时在图片上贴上相关的名字，这样不但可以引导他去读，而且还能给他提供一些可以求学以及提问的相关信息材料。

我认为《列那狐》（*Reynard the Fox*）这本书也符合这个标准。儿童周围的人倘若时常能和他谈及那些他所读过的故事，聆听他讲那些故事，那么这种方法还会带来一个好处，那就是他会明白阅读是有益且愉快的，他从阅读中获得的快乐会越来越多，能够更好地鼓励他去阅读。而常规的教育方法完全没有注意到这种“诱惑”式 的魅力，人们只有在读了很久的书之后，才会发现一些能够吸引他们继续阅读的乐趣与用途，因此在他们看来，书本只不过是一种流行的娱乐，只会让人觉得麻烦，他们不会认为书本有丝毫用处可言。然而要记得一点，熟记与学习阅读是两码事，不可混为一谈，以免它们相互干扰。学习阅读的过程要尽量避免给他带来麻烦，或者避免成为他的任务。

我不知道还有没有其他类似的书籍，能够引发儿童的兴趣，能够引导他们去阅读。不过既然人们普遍信任学校采用的方法，而学校如果只会强迫他们，利用教鞭来威胁他们去学习，不会借助从学习中所获得的快乐来引导他们去学习，那么这些有用的书籍注定是会被大众忽视的，与其他各种稀里糊涂的书籍没有任何区别。

阅读的一些附属技能

当他够把文字读得很好后，就可以让他去学习如何写字。关于这方面，正确的握笔姿势是第一件要教他的事情，如此他才可以真正地在纸上写字。不管什么事情，一个人如果想要做好的话，那么他就不可一下子学得太多。一个动作倘若可以分为两部分，那么就不要希望这两部分他一次就能学好，这不只是针对儿童，实际上成人也应如此。

在我看来，也许意大利人的握笔方法是最好的，他们握笔的时候只用食指和大拇指。不过你可以找一个优秀的书法老师来询问这一点，或者去问问任何一个字写得又漂亮又快的人。

儿童掌握了如何握笔之后，第二步要学的就是纸如何放，手臂如何摆，身体如何坐。这些方面全都练过之后，那么有一个方法可以教他写字，并且这个方法一点儿也不麻烦，那就是找一块板子，在板子上刻好字，至于字体，你可以选自己最喜欢的。不过要记住一点，与他平日的书写相比，板子上的字要更大一些，因为所有人的字与初学的时候相比，都是越写越小的，绝对不会越写越大，这是很自然的事情。

准备好这样的一块板子之后，你可以准备几张上佳的写字用纸，把字用红色的墨水印下来，只要给他一支灌满黑墨水的好笔，让他照着样子勾描一遍就可以了。在一开始要告诉他，每个字母如何起笔，如何组成，他这样很快就能让自己的手把那些字写成了。等他练好了这一步，就可以给他白纸来做练习，就这样他很快就会如你希望的那般写出一笔字了。

我认为，倘若他的字已经能够写得又快又好，就不但应该继续练习写字了。同时为了能够更娴熟地运用双手，他还应该去学习画画。对于一名绅士而言，画画有时可是极有用处的，特别是旅行之时，哪怕是写满一整页的纸，有些东西也还是写不明白，无法让人理解，然而如果能好好画几笔，就能帮他把意思表达出来。

无论一个人看过多少建筑、服装与车辆，只要他能掌握一点画画的技巧，那么就能很轻松地把与此有关的想法保存下来，传递给他人。倘若只用文字去表示，那么就有失去的风险，哪怕再真切的描写，也是无法牢牢记住的。

我并不是要你的孩子成为一个优秀的画家。想要成为一个不错的画家，需要花费很多时间，而一名小绅士是匀不出很多时间来的，因为他需要在其他相对更重要的事情上寻求进步。不过，如果只是要他在绘画上略懂一些构图的理论，只掌握一定的技巧，对于他看到的东西，除了人像以外，他全都能在纸上画出个样子来，那么我觉得用不了多久他就能学会。倘若他在绘画上有天赋，那会学得更快。

不过，倘若他没有什么天赋，那么除了那些必要的、绝对的事情以外，也就不必让他无故生出诸多烦恼，不如让他平静地度过。因此，在绘画以及其他一些并非绝对必需的事情上，都是同样的道理。

速记是一门艺术，也许这是有学习价值的。一方面它能够让人把要记的东西快速地记下来，一方面又能够让人隐藏自己不愿公开的事情。

一个人只要学过任何一种文字，他就能轻松将那种文字做转换，以适应自己的私用、兴趣或工作。我所知道的速记法中，最好的一种是由利奇先生发明的。我认为只要是语法好，而且对语法善于思考的人，都能让句子变得更简短、更容易。对于这种速记方法的学习，不必着急给孩子找老师。等他把手法练好了，字也能写得又好又快时，找到合适的机会再去学习也不迟。这是因为，速记对于孩子们来说很少能用得上。在他们还没有养成好好写字的习惯以前，速记是没有必要去练习的。

如何对待外语和语法的学习

他应该在能说英语（母语）的时候就去学习其他语言。如果这里所指的其他语言是法语，那么对于我的这种建议，没有人会有疑虑。这是因为，人们通常都习惯了教法语的时候所使用的正当的方法，他们经常和儿童说法语，并不是通过语法上的规则来进行传授的。

倘若与他经常在一起的老师只和他说拉丁语，并且也只允许他用拉丁语来回答，那么他一样也会很容易学好拉丁语。不过因为法语说得更多一些，所以应该先学法语。

在刚会说母语的时候，说话的器官还很稚嫩，所以利于养成正确的法语（外语）发音习惯。这是时间拖得越久越难做到的。一般用了这种方法以后，他的法语花个一两年的工夫就能说很好了，到了那个时候，就可以让他去学拉丁语了。然而很奇怪，明明父母在法语上已经有了很好的尝试，他们在孩子学习拉丁语的时候却并不会采用同样的方法。当孩子在学习各种外国语言的时候，与老师说话不要使用其他语言，只是需要注意一点，那就是不可让他忘记读母语，这点可以交给他的母亲或者其他人来做，他们可以每天听他读几段节选自母语书上的内容。

我认为，对于一名绅士来说，拉丁语绝对是必需的。实际上，这一切都是由习俗来支配的，在习俗的推动下，拉丁语已经成为教育上的一个重要内容——尽管有些学生在离开学校以后，一辈子都再也用不上拉丁语，可他们还是被鞭笞着，在被迫中去学习拉丁语，他们的诸多宝贵时光就这样烦恼地用在了拉丁语上。

父母花费了金钱，浪费了孩子的时间，迫使他去学习罗马人的文字，同时还计划要他去学习完全派不上用场的拉丁语。就算他在学校学会了那么一丁点拉丁语，以后他也必然会忘记，况且由于学习拉丁语而受到惩罚，那么他很可能会畏惧拉丁语。你可以想一下，难道世上还有什么情形能比这更可笑吗？对于某种日后绝对用不着的语言，却要强迫一名儿童去学习那些粗浅的知识。在生活的各个方面，数学与写字有很大的用处，对于大部分行业来说，这是必不可少的，而人们却对此忽视。倘若不是因为这种例子在我们身边到处都是，对于这种情形，恐怕我们难以置信。

对于某些人来说，拉丁语是非常有用的，然而对于另外一些人来说，拉丁语明明没有任何用处可言，却还是被看成是必要的。经过对文法学校教授拉丁语惯用方法的研究，我认为这种教法不该被提倡。有些懂得道理的人已不再采用这种惯用的方法，他们已经有了成效，尽管他们所采用的方法，在我看来并不是最容易的。简单说来，这个方法就是：绝对不可以让儿童受到语法的困扰，如何与他说英语，就如何与他说拉丁语，不要被规则困扰。

倘若你愿意好好思考一番，你就会明白，对于儿童来说，他们初来人世的时候，并不会觉得拉丁语比英语（母语）更难。然而他们学英语（母语）的时候不需要老师，不讲究语法，也不需要规则。由此便会知道，倘若有人经常和他说拉丁语，他便能把拉丁语学好。

我们常常会看到，一个英国女孩跟着一个法国妇人学法语，完全用不上语法规则，只要闲聊就好，一两年后，她法语就会说很好了。这就不由得令我感到疑惑，为什么这种方法被很多人忽略了，没有用到自己孩子身上，难道他们认为自己的孩子没有那女孩聪明，或者没有那女孩能干？

所以，倘若你能找到一个拉丁语说得很好的人，并且他能够经常陪在你孩子的身旁，能够经常和他说拉丁语，不允许他说其他语言或阅读其他文字的书籍，这才是真正的教授拉丁语的方法。这种方法才是我所提倡的。与让他在学校里接受鞭策，花上六七年的时间才能学会一门语言的方法相比，上面这种方法对于儿童学习语言来说，才是最好的，也是最轻松的。同时有助于儿童的心理与礼仪的形成，而且能让他去学习别的科学，比如天文、地理、年代学或历史等知识，还有其他各种只需感官记忆的知识。儿童在这种抽象的事情上开动脑筋去思考，倘若一段时间以后，他还不能取得进步、获得成功，或者所得的好处还是不能达到他们的预期，那么他们要么会看不起学习，要么会看不起自己。他们会认为书本里除了一些空洞的语言和艰涩的字句以外，再没有什么别的了，他们就会放弃课业，抛弃书本。或者他会得出这样的结论：倘若真实的知识存于书本中，那么就是他们对于理解那种知识缺乏悟性。

这是真实的情况，也许我可以拿自己的经验来给你们证明。在其他同龄人都在全力以赴地去学习拉丁语与文字的时候，一名小绅士应当用这种方法去学习其他各种知识，包括几何学。据我所知，有一位小绅士在还不到12岁时，就能对欧几里得[1]几何学上的好几条定理做出证明了，而他接受的就是这种教育方法。

不过，这种既会说拉丁语，又能教会孩子各种知识，并且愿意用这种方法去授课的人，你若是找不到的话，那么另一个最好的办法就是尽可能用与这种方法类似的办法去教授他，即找一本像《伊索寓言》那样有趣又简单的书，把英文（要尽可能直译）写在一行，在英文的正对面写下对应的拉丁语，让他每天反复诵读，直到他对于拉丁语的意思彻底理解为止。之后可以让他再去读其他的寓言故事，也同样要完全掌握才可以，哪怕有些内容他是明白的也不可跳过，以让他偶尔复习一下，避免遗忘。

这种课本在他学习写字时，也可以给他当作习字范本来使用，这样一来，不但他的拉丁语会进步，而且写字也会得到训练。这种方法不及用拉丁语和他交谈。在教他的时候，要先让他对于动词的构造彻底熟记，然后再去熟记那些名词与代词的用法，这样才会有助于他理解拉丁语的精华与类型。

1　古希腊数学家，著有《几何原本》，是世界上最早的公理化数学著作。

我觉得在教导儿童时还要遵守一点，那就是在大多数情况下，他们如果遇到了困难，不应让他们自己去解决，避免让他们更加困惑。他们用心学习时，对于所有事情都应让他们感到容易，能够充分感觉到愉快，他们应该是高兴的。因此当他们在哪里停顿下来，或是想继续向前时，你不可对他们做出任何责备，应当立刻帮助他们克服困难。

你要切记，倘若老师所用的方法比较苛刻，那么这完全是因为老师骄傲又任性，他认为一件事情既然自己知道，那么儿童也应该立刻完全理解。实际上，他要想一想，让儿童养成习惯是他的职责，而不是恼火地用规则去向儿童发号施令。对于我们的人生，规则很少能有帮助，起码对于儿童来说没有任何用处可言，这是因为儿童很快就会把学会的规则忘记。

在科学方面，因为需要运用到理智，我承认有时可以对这种方法做下变通。为了激发儿童的潜力，我们可以故意提出一些难题，让他们养成尽全力去思考的习惯。不过在儿童年纪很小的时候，我认为是不可以这么做的，无论是什么知识，在他们刚开始接触的时候也不能这么做，因为对那时的他们来说，所有事情本身就是一种困难，而老师要通过技巧尽力让所有事情变得容易起来，这就是他们要起到的重要作用。

尤其是在语言学习这方面，最不可以让他们感到困窘。语言是要死记硬背才能学会的，才能在完全忘了所有的语法规则之后还能流畅地使用。我承认，有时要对一种语言的语法做极仔细的研究，不过做这种研究的只能是对于某种语言想要做详细了解的成人，鲜少有专业学者以外的人从事这种工作。我认为，如果一个人想要对任何一门语言做研究，那么他要先开始研究他的母语，以便能够绝对正确地了解自己惯用的语言。

老师不但不应该给学生制造困难，而且还要在他们遇到阻挠时，立刻帮他们扫清障碍，促使他们进步。老师会这么做，还有一个理由：儿童的心理是脆弱与狭隘的，往往一次只能容纳一种思想。任何事只要在儿童头脑中，那么他的头脑就被那件事占满，同理，情感更是如此。

不管儿童在学习什么，老师都应想办法来把他们所有的杂念排除，最好可以让他们有精力来接受他们应当接受的思想，让他们能够全神贯注。不然的话，在他们的心中就不会留下与此有关的印象。儿童见异思迁是天性所致。他们只要看到新鲜的东西就会被打动，看到任何新鲜的东西，他们都立刻想要去尝试，而尝试过后，他们很快就没了兴趣。对于同一件事，他们很快就会感到厌倦，因此他们差不多是通过变化与更换来建立自身的快乐的。想要让儿童把他们不断变化的思想固定下来，则与儿童时期的天性不相符。这种情况，不确定是由他们的性格所致，还是因为他们血气旺盛，无法安定下来，对于心理的支配不能彻底服从。儿童如果长时间把他们的思想用在某一件事情上，无疑会令他们感到痛苦。对他们来说，最痛苦的一件事就是让他们长时间保持注意力。

无论是谁，如果他想让儿童勤奋认真，那么他要尽可能让他提出的事情令人感到愉悦，至少不要给任何人带来不愉快，或者使任何人受到惊吓。倘若儿童在读书时无法感到愉快，那么他们的思想会去相对可喜的事物上追寻更多的快乐。对于他们不喜欢的事情，自然会一直远离。倘若看到学生略有一点分心，为了使他们集中注意力，老师就会去责备或惩罚他们，我知道这种方法是老师惯用的，不过这么做必然会带来相反的效果。

如果老师对儿童随意鞭笞或者责骂，那么儿童的整个内心都会被恐惧占据，也就再也没有别的空隙来容纳别的印象。我相信任何人只要读到我说的这段话，他就一定能够回忆起从前自己被父母或者老师专横粗暴地斥责时，他那时的思想是多么慌乱，他那时的头脑都变成了什么样，对于自己听到的和说出的话，他是茫然无知的。他完全不知道自己当时的处境，心中满是狼狈与错乱，在那种情况下，他再也注意不到任何事。

父母和老师应当令受教育的儿童对他们畏惧，从而把自身的威信树立起来，以此来管束他们。不过只要他们能够以此来支配儿童，以后就要非常谨慎地来使用，不要让儿童看到他们的面就害怕，就像是看到稻草人就受到惊吓的鸟儿一样。虽然严苛的方法能够更好地管束他们，但是这种管束能够带给儿童的好处是很少的。无论是什么情感，只要令儿童的思想受到支配与干扰，那么儿童就不该再学习，特别是当他们感到恐惧的时候更应如此，因为他们脆弱的精神会对恐惧留下最深刻的印象。

你如果想让他打内心对你的教导接受，或者你想要增加他的知识，那么你就要让他的内心能够保持安适平静。在一颗战栗的心上，你无法留下得体的教育，就如同在一张颤动的纸上，你一样也写不出工整的文字来。

对于老师来说，首要任务就是让学生的注意力保持集中，只要这点能做到，那么在学生的能力范围内，他就能够尽快让学生取得进步了。不然的话，尽管他不停地忙碌，却不会获得多少好的结果，更有甚者很可能连结果都不会有。倘若他想实现这个目的，那么就应该尽可能让儿童明白他所教授的东西的用处，让儿童知道，他可以凭借学过的东西去完成那些以前做不到的事情。而这些事能让他获得能力，与不明白这些事情的人相比，他会得到真正的好处。此外，老师的一切教导务必要表现得和蔼，让儿童能够明白老师是爱他的，老师所做的一切都是为了他好，这是让儿童愿意对听课和教导产生兴趣的唯一方法。

无论是什么粗暴或者专横的办法，都不可以用在儿童除了顽固以外的任何事上，而应该采用温和的方式来使其改正。温和鼓励的话语要比专横粗暴的方法更容易获得心理上的顺从，避免那些豁达开朗的内心因为粗暴专横的方法染上倔强固执的毛病。

当然，对于顽固和故意的疏忽，是不惜动用鞭笞也必须要克服的。不过我认为，学生的倔强固执往往是老师的倔强固执所致。倘若他们不曾因为遭受了那些不必要的粗暴对待，导致他们性情变得恶劣，厌恶他们的老师，厌恶与老师有关的所有事情，大多数儿童就不会受到责打。

思维混乱、善变、大意、不仔细等这些过错，在儿童时期是很正常的。因此他们只要不是故意这么做，就可以温和地去提醒他们，让他们一点点去克服。倘若每次都因这种缺点而去斥责他们，那么在他们的心中，老师的形象就永远是令人恐惧的、不安的。仅仅是这一点就会让儿童无法从他的教育中获益，老师的所有教育方法都不会起到作用。

老师对儿童应当经常释放一种善意，表达一种慈爱，以此来缓解儿童对他的畏惧。他们能够在这种关爱的激励下去完成自己应尽的责任，并愿意听从老师的吩咐。这样一来，他们能够获得老师的满意，听从老师的话，就像是听从一个关心他们、为了他们好而让他们去努力的朋友一般。这样一来，在与老师相处的时候，他们就会感到自由与舒适。这种心情是他们必须具有的，只有这样他们才能接受新的知识，才能容纳新的印象。倘若他们不能接受、保持那些印象，那么所有需要与老师一起合作的事情都是在白费力气，因为这个过程中，他们的不安远多于学习。

为了避免他在阅读上的畏难和厌烦，倘若他愿意的话，可以让他参考母语译本。也有人对此持反对意见，认为这样他就只会死记硬背了，不过这种说法是站不住脚的，反而是在为用这种方法学习语言做积极的辩护。因为学习语言本就是需要死记硬背的。没有死记硬背，是无法讲好一门语言的，更不会达到精通的程度。说的时候则不必顾虑语法或者规则，只要想着要说的事情本身、与那种语言相符的说法和习语，就自然而然地说出来了。我倒是希望有谁能告诉我，有一种语言只要靠语法规则就能学好或者说好。

语言不是规则或者人为制造的，它是基于人们的共通用法偶然建立的。任何想说好语言的人，唯一要遵守的就是这条规则。他能凭借的只有自身的记忆和一种跟着说得正确的人去学习如何去说的习惯，换言之，只有记忆能告诉他如何去说。

有人也许会提出疑问："那么语法就没用了吗？有些人花费了大量精力来给某些语言制定规则与解释，写下大量与名词和代名词有关的词尾变化，动词和主格的对应，动词的活用法以及造句法，难道这些都是白费了气力，完全不值得学吗？”

我认为这么说是不对的，语法也是有地位的。但是在我看来，语法带来的麻烦要更多些，远多于实际所需。那些因为语法而痛苦的人，其实他们根本不需要语法，我指的是那些在文法学校中普遍受语法困扰的儿童。

对于一般的生活和商业活动，死记硬背学会的语言就够用了，这是显而易见的。从那些颇有身份的、相处的朋友都接受过良好教育的人身上，我们就会知道，这种自然简单的、根本不学习语法或者完全不具备语法知识的方法，也能令他们言辞礼貌优雅。有些人从来不明白动词的时态与分词是什么，副词与介词又是什么，然而他们的语言说得正确又得体，与那些接受文法学校通行的方法教育出来的大部分绅士相比，他们并没有什么不同。

因此可以说，语法在某些情形下是不用学的。那么一定有人会问，到底什么样的人才应该去学习语法，而且语法到底要在什么时候学呢？对于这个问题，我的答复是：

通常人们学习语言是为了满足日常的社交与思想交

流的需要，除此以外，也就再没有什么更深的需求了。用对话的方式来学习一种语言，就足够实现这一目标，而且这是一种比较好的方法，因为它是最省时省力的，也是最自然合适的。因此单从语言的这项用途上来说，我的回答是并不需要学习语法。我读者中的大部分人都会认同这一观点，因为对于我所说的话，大家当然是明白的，在与别人交流时，尽管自己从来不曾学过英语（母语）的语法，但是对于别人的意思也是可以理解的。我相信大概在英国人当中，这种情况远比能想到的还要多，我还从不曾听说过有谁是用规则来学会母语的。

还有一类人，他们大多是以口舌文墨为生，虽然他们表述的内容不一定要正确、合适，但是最好能够做到表述的形式正确又合适，以便自己的思想能够更轻松地直达他人的内心，给对方留下更为深刻的印象。一名绅士说，任何一种语言，如果只是让人能听懂那是远不够的，他还要去研究语法及其他能够帮他把话说得更好的方法，不过他要研究的是他母语的语法规范，以便他对母语能够好好理解，避免说出一些不符合规范的、违背语法的、令人感到不适的话语。

对于有这种需求的人，必须要学习语法，不过只要学习母语的语法即可，而且只有那些希望自己的文字和文体能够没有任何瑕疵的人需要学习。至于是不是所有人都应该这么做，我认为需要考虑一下，因为人们普遍认为，倘若一个成年人说话不得体，不讲究语法，那么是有失身份的。倘若一个人有这种缺点，那么他就会常常被人指责，说他的教养与他的身份不相符。假设这种观点是对的，那么强迫孩子们去学习外国的、已经灭绝的语言的语法，却从不曾有人告诉他们本国语言的语法，这也算是件稀奇事了。别说正式去学习本国的语法了，他们对此根本连听都不曾听说过。况且从来也没有人告诉过他们，对于本国的语言也要注意磨炼，尽管母语是他们每天都要用到的，日后经常会用母语说得好不好作为标准来评判他们。然而对于他们用心钻研过语法的语言，日后鲜少有读写的机会，就算有机会，他们读写出了错也会被谅解。

潜心研究两三种已经灭绝的外国语言的学者对于精通这两三种语言，他们引以为荣。显然，任何以这种心态去学习某种语言，想要精通那种语言的人，当然要对它的语法做仔细的研究。

希望大家不要误会我一直在看轻希腊语和拉丁语的

价值，对于希腊语和拉丁语，我从不否认它们很有用，也从不否认它们的优美，作为一名英国人，倘若不懂得它们，那可算不上有学问。不过我认为，如果一名绅士想要从罗马、希腊的作品中获得对自身有用的知识，那么对于它们的语法是没有必要钻研的，单靠阅读就能让他充分理解，以满足他的需求。至于他以后对于这两种语言的语法要做多少研究，要如何求精确，那是他在到了必须研究什么事情的时候，可以自行决定的。这样一来我的问题就被引到了另一部分，即究竟要在什么时候学习语法呢？

根据之前所说的，对于这个问题我的答案再明了不过，即无论何时，教授语法的对象必须是一个已经能说那门语言的人，不然的话，他又该如何去学习那门语言的语法呢？如果你了解古代那些有智慧积淀的国家，你就会明白。他们把语法视为本国语言（而不是外国语言）教育的一部分。希腊人认为其他国家的人都是野蛮人，他们也看不起其他国家的语言文字。尽管共和末期，罗马人还是崇拜希腊人的学问，但是罗马的青年使用和研究的罗马语，是他们自己的语言。

如果非要确定一个相对具体的学习语法的时间，我认为是在需要对语言进行修饰，要说得比没接受过教育的人更得体时。在这之前不要去学习，因为语法的作用不是让人能够说话，而是让人能够正确地说话，而且说话的时候能够遵照语言的正确规则，需要花费功夫使话语优美。倘若对一个人来说，说话优美不是必须的，那么他也就很少会用得上语法的规则。

所以我不理解，一个人他既不需要成为拉丁语的批评家，也不需要用拉丁语演讲、写信，那么他为何还要为拉丁语的语法伤脑筋，为何还要在拉丁语上浪费时间？倘若一个人觉得他有必要或者有心情，去对某种外国的语言做彻底的研究，想要对他彻底了解，那么他可以花时间在钻研语法上。倘若他只是为了能读懂那种语言的书籍，对那种语言本身不求精通，那么就像我说过的那样，他没有必要死记那些繁多复杂的语法规则，单靠阅读足矣。你可以偶尔让他用英语（母语）来翻译拉丁语，以此来让他练习写字。

不过学习拉丁语就需要来学拉丁语单词，对于这一点，不管老少都非常不喜欢。因此，你要尽可能用一些真实的知识引入。一开始你要利用的是那些最容易被感官理解的事物，比如与动植物和矿物有关的知识，有许多都可以教给儿童，特别是果树的各个部分以及培育方法，同时这些知识对成年人来说也是有用的。此外，天文、地理及解剖学更应该被应用起来。不过，你要注意，你教他任何东西，都不可以一次塞太多给他。与此同时，所有的事情都不能当作他的一种任务，除非是品德方面的事；任何情况都不可以斥责他，除非是有了明显的邪恶倾向的时候。

关于写作的不同意见

然而他如果必须要到学校里学习拉丁语，那么就算我告诉了你这些学校里应该采用的最佳办法，也是徒劳。你只能遵守学校的规矩，不要抱有学校会为你的孩子改变方法的期望，那是不切实际的。不过倘若可以的话，你要想尽办法，让他们不要用拉丁语来演讲和写作文，特别是不要写任何韵文。

倘若这么做对他有益，那么你就要坚持，你要告诉他，你只是希望他对于一个拉丁语的作家能彻底了解，你并没有让他成为一个拉丁语的诗人或者演说家的打算；你要告诉他，你看到那些在教授近代语言上颇有成绩的人，他们从不会只为了让自己感到愉快，就让学生用法语或者意大利语作诗或者演讲。他们的责任只是教授语言本身，而不是教授如何构思。

不过我还是要比较详尽地跟你说一说为何我认为不需要让他们练习写作。

第一，对于写作，有个理由确实很有用，那就是认为写作可以让人不管遇到什么题目，都能够把话说得又漂亮又好。

倘若当真凭借写作就能达到这一目的，那么我认为好处是很大的，对一名成年人而言，他如果能够时时刻刻把话说得中肯、优美，那无疑是最适宜的，而且对他所处的任何生活情境都是最有用处的。不过，我可以断言，普通学校中所采用的写作方法对此不会有一点助益。你只要想一下学生的写作内容是什么，你就会明白，不外乎是拉丁语的谚语组成的演说词，比如“爱情能够战胜一切”或者“战场上不允许两次同样的错误”。因为对于自己要写的事情完全不理解（想要理解那些需要阅历），可怜的孩子又不得不苦苦思索，只为了能够在他一点都不理解的事情上勉强写出一些话来。不给他们提供制砖需要的材料，却命令他们去把砖制造出来，这分明是一种古埃及式的暴政。于是，处于这种可怜情况下的孩子们不得不常常跑去向高年级的同学求助，请求对方给予一些指点。也不知道这种情况到底是可笑还是合理的，实在是难以说清楚。

无论是什么题目，一个人只有先对它有认知，才能够对这个题目充分发挥自己的意见。不然的话，无异于让一个盲人说说颜色，或者让一个失聪的人谈谈音乐，这简直太愚蠢了。倘若有人要一个对于法律一窍不通的人来辩论与法律有关的问题，你难道不会认为他有点头脑不清醒吗？然而为了对学生的想象力做训练，使他们的想象力得到提高，于是就经常让学生们写作文来对某些事情做讨论，那么我想请问一下，对于那些事情，他们又能明白什么呢？

第二，请你想一下，对于他们写作时所用的拉丁语，那是一种外国的、已经灭绝的语言，而你的孩子一生都未必有机会用拉丁语演讲。而且，在表达方式上，拉丁语与英语（母语）差别很大，就算拉丁语学好了，也很少会对英语使用的熟练度有帮助。

此外，在英国，各个行业很少需要用到提前准备好的英语演讲稿。因此我真的不理解学校有什么必要做拉丁语写作练习，除非养成了这种预先准备好拉丁语演讲稿的习惯能让人学会用英文即兴演讲。

我认为如果想要一个人能够即兴演讲，那么应该使用这样的方法：要根据孩子的年龄与能力，对于那些他们并非一无所知，也并非与他们认知完全不一致的事情，让他们提出有用且合理的问题。当他们已经成熟到可以做这种练习时，让他们不要动笔写，而是当场就表达出来，或者略做思考后就表达。

且让我问你，只要有辩论的机会，你认为说得最好的会是哪一种人呢？是习惯在说话前就把稿子准备好的那些人，还是临时思考，尽可能了解后，即兴表达的那些人？倘若能够从这方面去思考，那么人们也就不会认为用现成文稿或修改过的演讲稿的方法，能够帮孩子应对所有的事。然而有人也许会告诉我们，写作的目的是使他们运用拉丁语上的能力得到提高和完善。没错，这是学校要求他们做的，但是想要达到这个目的，写作却不是最佳方法。

当被要求写作文时，他们的头脑会感到混乱，因为写作所调动的更多是思想，不是语言。学习和掌握一种语言，本就不是什么让人觉得舒服、快乐的事，因此不应让写作再来给他们增添更多的困难。

总之，倘若我们想凭借这种方法来对儿童的想象做训练，使之得到提高，那么应让他们用英语（母语）来写作，因为他们在英语上用字自如，更为熟练，在使用英语写作的时候，比较容易看出他们的思想内涵。倘若要学习拉丁语，那么就要选一种最简单的方法，不要用写演讲稿之类的任务来加大难度，让儿童的内心受到折磨，对此感到厌恶。

倘若上述就是反对儿童在学校用拉丁语写作的理由，那么对于反对他们写韵文，我的理由要更充分。无论是哪一种韵文，倘若儿童在作诗上没有天分，却硬要他吃苦，让他在绝不会可能获得成功的事情上浪费时间，那显然是这个世上最没有道理的一件事。

倘若他原本就有诗人的特质，而父母还希望他在这方面获得培养与提高，那么在我看来，世上最奇怪的事莫过于此了。我认为父母应尽力压制孩子在这方面的特质，我想如果父母不愿意孩子无视其他的职业与工作，就不应该期待孩子成为一位诗人。

然而这种情形还不是最糟的，倘若他成为一名成功的诗人，获得了才子的名声，那么我希望大家能好好观察一下，看看他的时间都花在什么样的地方，都在和什么样的朋友交往，还有他的财产也一样要看看。因为鲜少有人在“诗文之府”中发现金银财宝。纵然看起来令人愉悦，然而这片土地却是贫瘠的，世上少有人能从那里获得让他们的财产增加的东西。

倘若你不想孩子成为给所有朋友带来欢乐的四弦琴，如果他不在，那么他们连喝酒都觉得没有意思，不知道这一下午的时间要如何打发。倘若你不愿意他拿自己的时间和财产来给别人打发无聊，而且对祖先留下的田地不管不顾，那么我认为，你不会非常关心如何让他成为一位诗人，或者希望他能够跟学校的老师学习如何作诗。

不过，如果有人就是认为他的孩子应当具有诗人的特质，认为他的想象力与才华可以通过作诗得到提高，那么想要实现这个目的，他必须承认，与其让他自己用外语写乱七八糟的诗，还不如让他多阅读那些希腊和罗马诗人的优秀作品。至于想写好英语（母语）诗的人，我认为他不会觉得，想要实现他的目标，要先从拉丁语诗歌入手。

背诵全文与提高记忆力

在我看来，还有一种文法学校普遍惯用的方法也是没有任何用处的，那就是教给他们许多名家名作，并强迫他们去熟记，除非它的目的是对儿童学习文字做出阻碍。而我认为应当尽力让学习文字变得简单有趣。我建议尽可能避免这种令人痛苦的做法，这么做没有一点好处，特别是对于他们所从事的工作。

对于文字，只能通过阅读与对话来学习，而不是凭借对一些作品零星的记忆就能学好的。倘若一个人都是被这种东西装满了头脑，那么他得到的就只是一个装饰品，而这个装饰品是适合学究的，他也因此变成一个学究。在这个世界上，没有什么事情会比这更不适合一名学士了。一个人因为自己的词汇量匮乏，于是就把他人丰富的思想和优美的词句掺杂糅合进来，世上也没有什么事比这更可笑了。其结果也只是愈发显露了自身的空洞而已——没有一点优雅的内涵在其中，说得也不中听，就仿佛一件破旧的上衣，它明明是褐色的、普通的布料，打在上面的补丁却是大块金色的锦缎。

遇到非常优美紧凑的文章（古代作家写下很多这种

文章），学生会觉得这是值得去记的，他们会认真记忆下来。如果用这种大师的好文来对学生的记忆进行训练，那自然是没问题的。但是如果让他们不做选择，不加分辨地去熟记，那么我觉得不会有任何用处可言，结果不过是白白浪费他们的精力与时间，他们从书本中得到的，只是没有任何助益的麻烦之物，他们只会因此厌恶书本。

我曾听人说，对于儿童的学习，应该采用的方法是熟记，以此训练他们的记忆力。我希望提出这种说法的人，他依据的理智和自信是一样多的，我希望这种方法的根据是出于更多良好的观察，而不是更多出于传言。记忆的能力显然是由体质决定的，而不是凭借训练改进的。内心如果对于某件事情注意，担心忘记，不时地回忆，使印象得到加深，自然就很容易记住这件事情，不过，是其自身固有的记忆力强度决定了记忆的程度，与训练无关。

就好比在蜂蜡或者铅质上面留下的印记自然没有在黄铜或者钢铁上面留下的印记持久。倘若儿童时常回想，那么印象可以保持得比较久，然而每一次新的回想就会生成一个新的印象。你要是想知道一件事未来能够记多久，那么你就要从最新印象开始计算。记忆力并不会因为能够熟记一页页的拉丁语，就更能记住其他的事情，就好比把一句话刻在铅上，其印记未必能保持得更久。在人的一生中，记忆扮演着重要的角色，我们很少能离开它，倘若可以通过训练来增强记忆力，那么我们也就不必担心因为缺乏训练而变得迟钝了。不过，对于这种心理上的能力，我总是担心不用我们通过什么训练或者什么努力的方法就能够使它普遍获得大幅提高的，至少文法学校以此为借口所提出的方法是做不到这一点的。

相传，波斯国王薛西斯能够唤出他军队中十万多名士兵的姓名，在我看来，他这种非同一般的能力并不是通过小时候熟记功课获得的。我认为在君王的教育上很少会使用通过背诵训练来提高记忆力的方法。倘若这种方法真如众人说的那般好，那么君王会和那些最普通的学生一样热衷于此。君王也需要良好的记忆力，这点是和所有人都一样的。尽管从来不曾用这方法训练他们的记忆力，但他们的记忆力通常也和普通人差不多。一个人印象最深的事情完全都是内心留意的结果，这在前面已经说过原因。倘若再加上两点——方法与顺序，那么对于改进不良的记忆，我认为已经算是有很大帮助了。

综上，我的意思不是说对于儿童的记忆不应训练。我认为对于他们的记忆应该做的是运用，而不是用来对整页的书本死记硬背，因为只要背诵完了功课，任务完成了，他们对此就会忘记，不会再去理会。背诵这种方法，对于他们的记忆与心理都没有很好的改善作用。

在前文我已经提到过，对于他们所应熟记的文章，一旦让他们去熟记那些有用的语句，他们对此就不应再忘记，而且应该经常去对它们的意思深入理解。如此一来，这些语句不但是一些好的范本，以后能够派得上用场，而且可以让儿童学会时常回忆一下自己应该记得的东西。这就是唯一能够让记忆力快速提高的方法。他们的内心会因为时常回想而不至于变得迷茫空虚，能够从懈怠的、无益的漂泊中唤醒他们的心灵。因此，我认为每天最好都找些事情来给他们记，但是要找本身值得去记的事情才可以。这样，那些经典就会一直都存于他们心中，更能随时取用。这就能够使他们时常用心。这是一种智慧上的绝佳习惯，是可以后天养成的。

最后的话

有关教育，我所想到的意见在此要告一段落了。然而我并不希望大家把我这篇作品看成是研究这个主题的模板。在教育上，需要考虑到的事情有很多，特别是对于不同儿童的气质、爱好、过错都要考虑到，以便综合考虑最适合的解决办法。

这么多的事情，一本书并不能讲透。

每个人的内心与他的面孔一样，都各有特色，能够令人将他与别人区分开来。鲜少可以用完全一样的方式去教导两个不同的儿童。除此以外，我认为，对于一位王子、一位贵族，以及一位普通家庭的孩子来说，在教养的方法上也应当有所不同。然而我在此所提到的只是对于教育的主要目标和教养上的普遍看法。我所提到的事项都是针对这类孩子的教育。

现在，我把这些偶然想到的事情写下来，发表出来。虽然这不是一篇完善的教育作品，不可能让每个人都从中获得适合他的孩子的教育方法，但是对于那些对自己的小宝宝充满爱护的人，对于孩子的教育问题，不会一味遵循古老的习俗，而是敢于向自己的理性寻求意见的人，我希望他们能从我的这篇作品中获得启发。